REIBETANZ · UNBEKANNTES IRLAND

MOUNTAIN BIKE TOUREN

RENÉ REIBETANZ

Unbekanntes Irland

Abenteuer · Tips · Routen

PIETSCH VERLAG STUTTGART

Einbandgestaltung: Reinhard Bornemann, unter Verwendung eines Dias
von Reinhard Weber.

Bildnachweis:
Annette Arnold (9), René Reibetanz (58),
Reinhard Weber (2), David Knight (7).

ISBN 3-613-50114-7

1. Auflage 1990
Copyright © by Pietsch Verlag, Postfach 103743, 7000 Stuttgart 10.
Ein Unternehmen der Paul Pietsch-Verlage GmbH & Co.
Gesamtherstellung: Philipp Reclam jun., 7257 Ditzingen.
Printed in Germany.

Inhaltsverzeichnis

Vorwort

Ich bin in den letzten Jahren mehrmals und auf verschiedene Weisen durch Irland gereist. Die Fahrt mit dem Auto war bequem, doch Land und Leute huschten in rasantem Tempo vorbei. Immerhin bekam ich eine Ahnung vom Leben auf der grünen Insel und das wirkte auf mich so anziehend, daß der »Irland-Bazillus« überspringen konnte. Ein Fan war geboren. Ich konnte damals noch nicht benennen, was mich so fasziniert hat, aber ich wußte, daß ich wieder hinfahren würde, um die Wurzeln dieser Faszination aufzuspüren.

Auf den weiteren Reisen kam ich Land und Leuten um einiges näher, weil ich bewußt auf alles verzichtete, was mich in irgendeiner Weise hätte abkapseln oder isolieren können. Das Zelt blieb also zu Hause ebenso wie das Auto, und ich zog es vor, allein zu reisen. Ein Nachtquartier läßt sich in Irland überall finden, meist handelt es sich um einfache Bed & Breakfast-Gelegenheiten mit Familienanschluß. Genau das, was ich suchte. Die Fortbewegung geschah mit öffentlichen Verkehrsmitteln, per Anhalter, mit einem gewöhnlichen Fahrrad oder auch mal auf Schusters Rappen. Ebenso bewegen sich die »einfachen« Iren fort, jene, die sich kein Auto leisten können oder deren Klapperkisten in solch einem erbärmlichen Zustand sind, daß man sich mit ihnen nicht auf größere Straßen wagt.

Eins merkte ich bald: Die Faszination der irischen Lebensweise geht genau von diesen »einfachen« Menschen aus, mit denen ich jetzt bei dieser Art zu reisen zu tun hatte. Diese Menschen haben sich etwas bewahrt, was uns modernen Mitteleuropäern schon lange verloren gegangen ist. Und so fühlen wir uns angenehm berührt, wenn wir mit dieser Lebensweise konfrontiert sind. Mitunter werden sogar tiefe Sehnsüchte geweckt. Von der irischen Lebensart wird in dem Buch noch häufig die Rede sein. Ihre Erkundung war der reizvolle rote Faden aller meiner Irlandreisen. Die jüngste Fahrt hatte eine ähnliche Zielsetzung. Kurz zuvor hatte ich das Mountain Bike kennengelernt und mit ihm die Möglichkeiten, endlich in die entlegendsten Winkel im Westen und Norden der Insel vorzudringen. Bisher blieben sie mir vielfach verschlossen, denn die Straßen und Wege werden irgendwann so schlecht, daß sie nur noch mit Geländefahrzeugen passierbar sind. Und gerade in diesen abgelegenen Gegenden – an den Bergen, in den Mooren oder an der unwegsamen Küste – genau dort leben die Iren, die sich am meisten von ihrer Urtümlichkeit erhalten haben. Hier scheint die Zeit stehen geblieben zu sein; hier werden die Wurzeln der Faszination Irlands greifbar. Die Reise jenseits der Schlaglöcher wurde zu einem einzigartigen Abenteuer, mit dem ich in meinen kühnsten Träumen nicht gerechnet hatte.

Zur Begeisterung für Irland kam bei dieser letzten Fahrt die Begeisterung für das Mountain Bike. Es ist das ideale Gefährt für Touren in bergigen Gegenden und für Straßen, die sonst kaum zumutbar sind. Mit dem Mountain Bike kommt man fast jede Steigung hoch (und heil wieder runter), man radelt auf ihm sicher und komfortabel. Die Geometrie des Rahmens, die breiten Reifen, die griffigen Bremsen sowie der enorme Übersetzungsbereich der Schaltung sorgen dafür. Allerdings setzt solch ein Ritt durch schwieriges Gelände auch etwas Übung und Training voraus. Man kommt zwar fast überall hoch und durch, der Spaß kostet aber Kraft und Kondition. Mir kam das gelegen, denn vor gut einem Jahr hatte ich das Rauchen aufgegeben und allmählich spürte ich deutliche Fortschritte, was meine körperliche Leistungsfähigkeit anbelangte. Ich empfand sogar wieder Freude dabei, mich sportlich zu verausgaben. Deshalb nahm ich die Herausforderung der geplanten Mountain Bike-Tour durch den wilden Westen gerne an und war auch bereit, vorher ausgiebig zu trainieren. Ohne diese Vorbereitung hätte ich die Tour niemals durchgestanden, manche Etappen entpuppten sich nämlich als ausgesprochen hart.

Wem nach der Lektüre dieses Berichtes die Lust überkommt, sich selbst auf den Sattel zu schwingen und in die gleichen Gebiete vorzudringen, der kann dieses Buch gerne als Tourenführer benutzen. Allgemein läßt es sich dem Text entnehmen, um welchen Schwierigkeitsgrad es sich bei der jeweiligen Etappe handelt, und ich rate jedem, selbst abzuschätzen, was man sich wirklich zutrauen kann, damit die Tour nicht zur Qual wird.

Einen Unterschied meiner Mountain Bike-Tour zur sonst üblichen Form des Radreisens möchte ich noch hervorheben: Ich liebe wie gesagt das sportliche Radfahren, berausche mich gerne an der Geschwindigkeit und genieße es, mit Leichtigkeit bergauf zu fahren oder kraftschluckendes Gelände durchqueren zu können. Radfahren kann unendlichen Spaß bereiten – nach meinen Kriterien ist dies aber nur ohne Gepäck möglich. Mein Bike soll ein Sportgerät und kein Packesel sein. Jedes zusätzliche Kilo verlangsamt die Fahrt und raubt Kraft. Wer hat das nicht schon selbst unangenehm zu spüren bekommen? Das Gewicht der notwendigen Reiseutensilien kann einen trotz bestem Übersetzungsverhältnis der Gangschaltung im strammen Gegenwind oder auf einer steilen Bergstrecke zum Verzweifeln bringen. Und abseits der Straßen, auf steinigen Wegen oder gar im offenen Gelände wird das Gepäck zu einem weiteren Ballast. Ich denke dabei an die zusätzliche Belastung für das Rad bei harten Schlägen, an Balanceschwierigkeiten, an das Versinken in der Grasnarbe durch das hohe Gewicht.

Echtes Mountain Biking mit Gepäck ist gar nicht möglich. Folglich versuchte ich meine Radreise einmal anders zu organisieren: Die Fahrten mit allem Gepäck wurden auf ein Minimum reduziert. Ich mietete mir lieber hier und da für längere Zeit ein Quartier, wo ich allen Ballast einschließlich Gepäckträger zurücklassen konnte, um die Gegend in sternförmigen Touren mit leichtem Rucksack unbehindert erkunden zu können. Diese Reiseart ließ sich selbst in den abgeschiedendsten Winkeln Irlands wunderbar durchführen, ich kann sie allgemein nur empfehlen. Es ist nämlich etwas Herrliches, so leicht und unbeschwert auf dem Bike dahinfliegen zu können – erst dann kann das Gefühl der völligen Freiheit so richtig aufkommen, dem Entdeckungsdrang steht nichts mehr im Wege.

Ich möchte an dieser Stelle allen danken, die mir auf meiner Reise in irgend einer Weise geholfen und damit dieses Buch überhaupt ermöglicht haben. Besonders genannt seien Annette Arnold (sie half mir in jeglicher Hinsicht), Father Tynan (seine Aufzeichnungen aus der Perspektive eines Wanderers sind ein echter Schatz), Reinhard Weber (er begleitete mich in Connemara und auf Achill Island und fotografierte), David Knight (er stellte einige seiner besten Fotos zur Verfügung) und die Fahrradfirma Raleigh, sie stiftete mir ein Traumbike, weil ich der erste war, der den wilden Westen Irlands über einen langen Zeitraum mit dem Mountain Bike durchkämmte.

Ankunft in Dublin

Bei der Ankunft in Dublin habe ich Glück gehabt. Die Flugverbindung war günstig. Ich kam so früh an, daß mir noch der lange Nachmittag und Abend zur Verfügung standen. Wider Erwarten war auch all mein Gepäck einschließlich dem sorgfältig verpackten Mountain Bike dabei. Rein seelisch hatte ich mich schon auf eine Übernachtung in Dublin eingestellt, denn die prompte Gepäckbeförderung ist keineswegs eine Selbstverständlichkeit, besonders wenn es sich nicht um die üblichen Koffer handelt und der Zeitraum zwischen den Anschlußflügen in London nur knapp bemessen ist.

Ich konnte Dublin also gleich den Rücken kehren, und darüber war ich recht froh. Es ist zwar eine interessante Stadt mit vielen Reizen, doch deren Entdeckung braucht Zeit. Mich zog es unbändig in den wilden Westen der Insel. Ich wollte für ein paar Wochen raus aus dem Häusermeer, weg von den vielen Autos und dem Mief, wollte den wohlorganisierten Alltag vergessen, um für eine Weile vom Gewohnten abschalten zu können. Ich sehnte mich nach der urwüchsigen Natur und nach den Menschen, die in ihr leben, sehnte mich nach den rauhen Landschaften und nach der Möglichkeit, mich dort auf dem Mountain Bike austoben zu können.

Für einen Moment dachte ich daran, daß ich noch einen Spätzug erwischen könnte, der mich mit Sack und Pack bequem in den Westen bringt. Doch dann sah das Wetter so einladend aus, daß ich mich entschloß, das Bike kurzer Hand zusammenzuschrauben und einfach loszufahren. Die Sonne lachte und es wehte eine kräftige Brise von Süd-Osten, Rückenwind also. Laß dich treiben und genieße, Irland hat dich mit offenen Armen aufgenommen. Anders konnte ich all die Ereignisse nicht deuten.

Der Dubliner Flughafen liegt im Norden bereits etwas außerhalb der Stadt. Meine Route steht also fest. Ich folge dem Verkehrsstrom raus aus der City und nutze die erste Gelegenheit Richtung Westen abzubiegen. Die Straße sieht klein und vielversprechend aus. Die Vororte ziehen sich noch eine Weile hin, aber bald verlieren sie sich und wechseln in fruchtbare Felder und saftige Wiesen über. Kulturland. Abgesehen von den vielen Hecken fühle ich mich entfernt an die gepflegten Landstriche Norddeutschlands erinnert. Aufregend sind die blühenden Weißdornbüsche. Es ist Mitte Mai und mir steht die herrliche Zeit bevor, in der die Pflanzen im Blühen und Wachsen sich selbst übertreffen wollen.

Die meistbefahrendsten Straßen Irlands gehen strahlenförmig von Dublin aus. So führt auch eine in den Nord-Westen: die National-Route N 4. Für Radfahrer ist sie ein Greuel, sie ist so eng, daß kaum Platz für die vielen Autos bleibt. Klar ist also, daß ich diese Straße meiden muß. Doch fällt das nicht schwer, denn viele Gegenden Irlands sind von einem Netz kleiner und kleinster Straßen durchwoben, so auch weite Strecken entlang der N 4. Hier herrscht erstaunlich wenig Verkehr. Kein Wunder, denn mit dem Auto sind diese Straßen sicher kein Genuß. Sie wirken sehr uneben und schlängeln sich scheinbar ziellos dahin. Ein Paradies dagegen für Radler, besonders dort, wo die Autofahrer nicht auf diese Straßen angewiesen sind. Es macht mir riesigen Spaß, auf diesen kleinen Straßen dahinzufahren. Manchmal denke ich, sie werden von niemandem außer mir benutzt. Der Rückenwind versüßt das Erlebnis. Mache Böe bringt das Mountain Bike spielend auf über 30 km/h, ohne großes Zutun meinerseits. Spannend werden die Strecken, wo der Wind eher seitlich kommt. Die Böen drücken mich zur Seite, wieder und wieder versuchen sie es, doch mit dem

Mountain Bike hat man die Situation sicher im Griff. Es ist phantastisch, wie treu es die Spur hält. Die seitlichen Windattacken werden zum zusätzlichen Vergnügen.

Nach guten zwei Stunden Fahrzeit und 50 zurückgelegten Kilometern werde ich langsam schlapp. Entweder macht mir der Wind zu schaffen oder der Flug und das frühe Aufstehen stecken mir noch in den Knochen. Vermutlich ist es beides. Trotzdem ein schönes Ergebnis. Dublin liegt deutlich hinter mir und ebenso die erste Etappe meiner Radtour, auf deren Beginn ich mich schon so lange gefreut hatte. Nun ist sie losgegangen. Der irische Wind hat mich kräftig durchpusten können, die ersten Kilometer sind abgespult.

In die Nähe der Ortschaft Trim hat mich der Wind gebracht. Sie liegt ziemlich weit nördlich von der Verkehrsader N 4 und im Herzen vom County Meath. Es ist schon ein erstaunliches Stück auf meiner Karte – und das in dieser kurzen Zeit! Der Eindruck von meinen Trainingsfahrten scheint sich wieder zu bestätigen. Ein gutes Mountain Bike ist durchaus kein langsames Fahrrad, obwohl es nicht besonders schnell aussieht. Gut war bestimmt auch die Wahl der Reifen mit dem glatten Mittelsteg, sie rollen hervorragend auf hartem Untergrund.

Bei einer einladenden Bed & Breakfast-Gelegenheit halte ich an und beschließe ohne zu zögern zu bleiben. Nicht nur daß mir die Wirtsfamilie auf Anhieb sympathisch erscheint, draußen ziehen sich auch die Wolken bedrohlich zusammen. Der Wind hat sich plötzlich gelegt und kaum habe ich mein Bike untergestellt und sitze in der Küche bei einer Tasse Tee, da öffnet der Himmel seine Schleusen. Unvorstellbar, welche Mengen da auf einmal runterkommen können. Besorgt frage ich die Frau des Hauses, ob sie eine Wettervorhersage gehört hätte. »Der Wind soll stärker werden. Das ist recht ungewöhnlich für diese Jahreszeit. Die gleiche Richtung, sagten sie. Die Sonne soll scheinen, aber Schauer gibt es auch. So ungefähr wie heute also. Das war doch nicht schlecht.« Das Wetter ist ein beliebtes Gesprächsthema, häufig das verbale Vorspiel, um miteinander für ein längeres Gespräch warm zu werden. Ob die Vorhersage wohl zuverlässig ist?»Das kann man nie wissen. Manchmal liegt sie völlig falsch. Aber allgemein sind sie besser geworden. Das Wetterstudio arbeitet jetzt mit Satelliten.«

Ich bin gespannt, was der morgige Tag bringen wird. Eigentlich habe ich mir eine längere Strecke vorgenommen, um die Berge zu erreichen. Doch ich bin variabel und kann mich nach den Umständen richten. Von der Bahnstrecke habe ich mich allerdings ein ganzes Stück entfernt. Es wird noch ein längerer Abend. Ich bin der einzige Gast und die Familie genießt es, jemanden in ihrer Mitte zu haben, der etwas aus dem Zentrum Europas erzählen kann. Der Sohn eines Nachbarn ist im letzten Jahr zum Arbeiten nach Deutschland gegangen. In der Hotelbranche ist er untergekommen. Als Kellner, wie ich heraushöre. Und dann steht ja 1992 bald vor der Tür, das Jahr, in dem die europäischen Zollschranken fallen sollen. Gesprächsstoff gibt es viel. Es ist gemütlich in der kleinen Küche. Aber nach dem dritten Whiskey fallen mir beinahe die Augen zu.

Durch die Midlands

Beim Aufwachen vernehme ich leise Geräusche aus der Küche. Töpfe und Geschirr klappern, eine Tür schlägt zu. Der Geruch von Gebratenem durchzieht das Haus. Ein Blick auf die Uhr verrät mir, daß es schon fast neun ist. Ich fühle mich herrlich ausgeruht, frisch für neue Taten.

Als ich die Küche betrete, gewinne ich den Eindruck, daß die Wirtsleute ebenfalls gerade erst aufgestanden sind. Sie wirken noch recht verschlafen und morgendlich wortkarg. Das ist nichts Außergewöhnliches. Der Tag wird in Irland erst spät begonnen. Vor zehn Uhr hat kaum ein Geschäft auf, auch Behörden öffnen nicht eher. Lediglich die Schulen beginnen schon um halb zehn, einige Fabriken sogar noch früher. Doch nur ein geringer Prozentsatz arbeitet dort. Der Großteil der Iren schläft lange, und niemand empfindet das als Schande. Ich muß dabei an heimatliche Unarten denken und freue mich darauf, in den nächsten Wochen den irischen Rhythmus annehmen zu dürfen. Es wird mir bestimmt nicht schwerfallen. Heute hat es jedenfalls schon gut geklappt.

Die Wirtsleute mögen mich. Sie fragen nicht was ich essen will, sondern tun mir von jedem etwas auf. »Radfahrer müssen viel essen, besonders wenn sie den ganzen Tag unterwegs sind.« So gibt es eine Schale Porridge, das ist jener berüchtigte Haferbrei, der aber gar nicht so schlecht schmeckt. Dann gebratene Speckscheiben und Spiegeleier auf Brot und natürlich viel Tee. Nach der zweiten Runde aus der Pfanne wird mir die Orangenmarmelade zugeschoben. Ich muß aber bereits passen, diese gehaltvollen Mengen bin ich morgens nicht gewohnt. Noch nicht. Außerdem bin ich vorsichtig, denn ich will erst einmal abwarten, wie sich dieses fette Essen bei der körperlichen Anstrengung einer längeren Radtour bewährt. Auf die Idee, dies vorher einmal im Rahmen von Vorbereitung und Training auszuprobieren, bin ich dummerweise nicht gekommen. Was liegt mir jetzt eigentlich schwerer im Magen, die Einsicht der ersten Nachlässigkeit in den Vorbereitungen oder der fette Speck? Ich glaube weder noch, denn im Grunde fühle ich mich solide gesättigt. Vermutlich wird es noch lange vorhalten, und wenn ich nicht gleich wie der irische Rennradstar Sean Kelly in die Pedale trete, besteht kein Grund zur Sorge. Das Wetter sieht tatsächlich wieder freundlich aus. Ich fülle die beiden Trinkflaschen mit Tee, zum Erstaunen der Wirtsleute ohne Milch. Ein Bidon schwarz gegen den Durst, einer gesüßt zum Auffrischen der Energie.

Zu einer für mich schwierigen Situation kommt es, als ich los will und den Wirtsleuten gerne noch etwas extra bezahlen möchte für den in meinen Augen außergewöhnlichen Aufwand, den sie mit mir hatten. Die Suppe und die Brote gestern Abend, der teure Whiskey, und heute morgen, das war auch nicht wenig. Doch als ich das Thema anschneide, wird es zum Bumerang. Sie wollen auf gar keinen Fall ein Extra-Geld, ich soll aber noch Lunch-Brote mitnehmen. Was nun? Ehe ich mich versehe verschwindet ein kleines Paket in einer Packtasche. Ich stehe recht dümmlich mit meinem Geldbeutel vor der Haustür. Beleidigen will ich niemanden, also stecke ich ihn weg. Mir gehen tausend Dinge durch den Kopf, der Abschied ist leider äußerst unangenehm geworden. Ich fühle mich wie ein Nutznießer bei Leuten, die weniger haben als ich im Moment, schließlich habe ich ein paar Ersparnisse dabei. Ich habe diese Situation falsch angefangen, für das nächste Mal muß ich mir eine elegantere Lösung einfallen lassen. Das war Fehler Nummer zwei, dabei hat der Tag doch gerade erst begonnen.

Die ersten Kilometer radle ich ziemlich hastig und grü-

16

belnd vor mich hin. Keine Augen für nichts. Warum frißt sich dieses Erlebnis so in mich rein? Warum mache ich die Sache so kompliziert? Diese Art von Gastfreundschaft ist ungewohnt, aber es besteht eigentlich kein Grund, daraus ein Drama zu inszenieren. Ich könnte mein Gewissen beruhigen, indem ich zurückfahre und einfach ein paar Pfund in den Hausbriefkasten werfe. Doch das ist albern. Die Wirtsleute haben ihren Beitrag gerne gegeben und vielleicht sollte ich mal anfangen, dies zu akzeptieren. In Zukunft werde ich solche Situationen von vorne herein anders anfangen, damit es keine Auseinandersetzungen über eine zusätzliche Bezahlung mehr gibt.

Aus meinen Grübeleien werde ich jäh herausgerissen, als ich an eine Wegkreuzung komme, die keine Hinweisschilder hat. Meiner Karte kann ich nicht eindeutig entnehmen, wo ich mich befinde. Die Straßen sind so schmal geworden, daß sie nicht mehr verzeichnet sind. Was nun? Weit und breit ist kein Mensch oder Haus zu sehen. Ohne es richtig wahrzunehmen, bin ich in eine Gegend geraten, in der vorwiegend Torf abgebaut wird. Sie scheint am Vormittag wie ausgestorben. Ich krame den Kompaß hervor und entschließe mich für den Weg, der am ehesten in meine Richtung weist. Er kann zwar nach einigen hundert Metern schon dank einer rechtwinkligen Kurve einen völlig anderen Verlauf nehmen, doch er sieht sympathisch aus, und ich werde die erste Gelegenheit nutzen, um nach der günstigsten Verbindung nach Drumcree zu fragen.

Tatsächlich biegt der Weg bald in Richtung Süden ab und windet sich unendlich durch weichen Torfgrund. Mitunter weiden Rinder, die Wiesen sehen jedoch äußerst mager aus. Es wachsen mehr Moos- und Moorpflanzen als Gras. In der Ferne tuckert ein uralter Trecker. Dort werde ich nach dem Weg fragen. Beim Näherkommen beobachte ich, daß es sich um eine merkwürdige Maschine handelt. Ein uralter Trecker mag ihr wohl zugrunde liegen. Angebaut wurde ein riesiger Trichter, einige dicke Rohre, unübersichtliche Gestänge und rotierende Messer, die sich durch das oberste Erdreich fressen. Diese Maschine steht auf Rädern von unterschiedlicher Herkunft und ist dermaßen verbeult und bereits verrostet, daß sie absolut keinen vertrauenserwekkenden Eindruck hinterlassen kann. Aber sie fährt. Alles wackelt und ächzt an ihr, doch die Messer fressen sich durch den Torf, zermalmen ihn und durch eines der Rohre wird er in den Trichter gespuckt. Eine schwarze breiige Masse.

Der Fahrer dieses vorsintflutlichen Ungetüms bemerkt, daß ich etwas von ihm will, als ich über den Stacheldraht der benachbarten Wiese klettere und auf ihn zugehen. Die Maschine knackt und kracht, sie verändert ihren Geräuschpegel bedrohlich und fährt zu meinem Erstaunen mit gehobenen Messern relativ zügig in einem weiten Bogen in eine Ecke des Feldes, um dort stehen zu bleiben. Offensichtlich ist dies an einer anderen Stelle nicht möglich, die tiefen Spuren zeigen, daß der Untergrund sehr weich ist.

Der Mann läßt den Motor laufen und kommt mir zu Fuß langsam entgegen. Ein Torfbauer mit speckiger, abgewetzter Kleidung. Ein Ärmel seiner Jacke wird nur noch durch wenige Stiche der Naht gehalten. Die übergroßen Gummistiefel machen ihn zu einer lustigen Erscheinung. Meine Frage nach dem Weg ist schnell geklärt. Der Mann wirkt bei seiner Antwort etwas enttäuscht, vermutlich hat er sich in mir einen Torfkunden erhofft. Doch er nimmt die Gelegenheit zur Pause gerne wahr und erklärt mir den weiteren Arbeitsverlauf seiner Maschine. Wenn der Trichter voll ist, beziehungsweise so schwer beladen, daß die Maschine zu versinken droht, so fährt er auf eine trockene Stelle und legt den Torf dort in Form von unterarmstarken, gepreßten Würsten wieder ab. Der Mann ist sehr stolz darauf, seine

Zwischen den Midlands und den Bergen.

»sausage machine« selbst konstruiert und gebaut zu haben.
Ich versuche ernst zu bleiben und ihm meine Bewunderung
mitzuteilen. Es scheint zu gelingen, denn er genießt es
sichtlich.
Das weitere Trocknen des Torfes geschieht in mühevoller
Handarbeit: Nach einigen Wochen werden die Würste relativ fest und können nun zu Vieren oder Sechsen hochkant
zusammengestellt werden, damit sie der Wind von allen
Seiten trocknet. Ist dies geschehen, so werden die inzwischen leichter gewordenen Stücke geschickt auf einen langen Haufen gestapelt, der Regen soll außen ablaufen, der
Wind noch einmal ordentlich durchpusten können. Dann
kommt das Auf- und Abladen und letztlich der Gang zur

Feuerstelle. Es ist schon erstaunlich, wie oft so ein Torf-stück angefaßt werden muß, bevor es im Ofen oder Kamin landet. Den aufgestellten und gestapelten Torf habe ich schon des öfteren gesehen, solch einer Erntemaschine eines Bauern stehe ich aber heute zum ersten Mal gegen-über. Es ist beeindruckend, was man aus Schrott so alles machen kann.

Wieder auf dem Bike dringe ich immer tiefer ins Torfland vor. Die Erntetechniken scheinen recht verschieden zu sein. Auf manchem Feld wird offensichtlich von Hand gestochen, auf anderen muß eine Maschine gestochen haben oder es wurde so geerntet, wie ich es eben beobach-ten konnte. Man sieht deutlich, daß eine bestimmte Maschine auch die benachbarten Felder bearbeitet hat. Gehört das betreffende Land einem einzelnen Bauern oder haben sich hier mehrere Nachbarn zusammen eine Maschine gemietet? Diese Frage bleibt unbeantwortet, denn es ist niemand zu sehen, der mir darüber Auskunft geben könnte.

Hier im Torf wohnen wenig Menschen. Viele Häuser stehen leer oder sind zusammengefallen, die paar bewohnten machen einen ärmlichen Eindruck. Torfernte im kleinen Maßstab scheint sich kaum zu lohnen.

Nach weiteren zehn Kilometern wechselt die Landschaft allmählich. Wiesen verdrängen den Torf. Inzwischen habe ich auch meinen Weg wieder gefunden, die Hinweise vor-hin waren nützlich. Ackerbau wird in dieser Gegend nicht mehr betrieben, das Land gehört den Rindern und Schafen. Ein ungewohntes Bild. Zwischen den Wiesen dichte Hek-ken, ich bin ganz hingerissen von dem vielen blühenden Weißdorn.

Über Lisryan nähere ich mich der Stadt Longford. Den ganzen Tag habe ich heute kaum ein Auto gesehen, hier in Stadtnähe nimmt der Verkehr aber plötzlich beängstigend

20

zu. Die Straßen sind verdammt eng, beim Überholen bleibt nur wenig Platz. Zum Glück sind die Iren rücksichtsvolle Fahrer, allerdings lassen die Straßenverhältnisse auch keine Raserei zu.

Longford habe ich bewußt angesteuert, denn ich weiß, daß es dort noch einmal einen Fahrradladen gibt, der unserem mitteleuropäischen Standard nahe kommt. Sein Besitzer, Kevin Martin, ist selbst aktiver Radsportler und führt den Laden mit entsprechendem Engagement. Weiter im Westen und Norden Irlands wird es schwierig, an Ersatzteile für edle Räder ranzukommen, dort fährt man vorwiegend Drahtesel Marke »Uralt« oder »Billig«. Kevin ist also eine der letzten Stationen, um den Vorrat an Ersatzteilen aufzufrischen.

Mein Mountain Bike ist eigentlich in einem einwandfreien Zustand, doch wie es sich bei der harten Fahrerei in den Bergen auf Dauer bewährt, bleibt abzuwarten. Da ich mich mit Ersatzteilen jedoch nicht unnötig abplagen will, verabrede ich mit Kevin, daß er mir im Notfall auf meinen Anruf hin die nötigen Teile schickt. Ich freue mich riesig, daß er sich darauf einläßt. Er kennt mich von früher und ist von der geplanten Tour begeistert. Am liebsten würde er mitfahren.

In Longford ist es Zeit für eine ausgiebige Pause. Achtzig Kilometer habe ich jetzt nonstop im Sattel gesessen: gute vier Stunden waren das. An der langen Hauptstraße finde ich ein Café, in dem ich die Füße von mir strecken kann. Beim Anblick der Kuchen und belegten Brote fällt mir das deftige Frühstück von heute morgen ein. Die fetten Sachen haben beim Radeln tatsächlich keine Probleme bereitet, und zu meinem Erstaunen bis jetzt erfolgreich vorgehalten. Trotzdem kann ich den ausgestellten Speisen am Tresen nicht widerstehen. Ein Salat hat es mir besonders angetan. Bei meiner letzten Irlandreise gab es solche netten Eßgelegenheiten noch nicht, auf diesem Gebiet hat sich offensichtlich etwas bewegt.

Hinter Longford begebe ich mich auf die südliche Seite der Hauptstraße N 4. Ich will Irlands längsten Fluß, den Shannon, überqueren und auf kleinen Wegen an den Seen Lough Bofin und Lough Boderg entlangradeln. Diese Strecke ist ein absoluter Szenenwechsel. Saftigste Wiesen, üppige Hecken, erstaunlich viele Bäume und überall blitzen kleine und große Seen hervor. Das muß ein Paradies für Angler sein. Und für Wasservögel, sie tummeln sich hier in ungewohnter Vielzahl und lassen sich durch mich kaum stören. Ein ordentlicher Schreck fährt mir durch die Glieder, als unmittelbar neben mir ein großer Reiher auffliegt. Er war so perfekt getarnt, daß ich ihn nicht gesehen habe. Nach diesem kleinen Vorfall fällt mir auf, daß ich für heute an Eindrücken reichlich übersättigt bin. Es hat so viel Fremdes und Verschiedenartiges auf mich eingewirkt, daß es mir schwerfällt, mich noch auf etwas zu konzentrieren. Ich nehme zwar weiterhin alles wahr, was um mich herum geschieht, der Blick für das Wesentliche und Typische geht aber allmählich verloren. Ein Problem, das ich schon von früheren Reisen her kenne, besonders wenn die ersten Tage zu vollgepackt sind.

Nur wenige Kilometer sind es bis Carrick-on-Shannon, die will ich noch schaffen. Dann habe ich den ganzen Tag im Sattel gesessen, stolze 120 Kilometer zurückgelegt und bin den Bergen greifbar nahe. Je nach Wetter- und Windvorhersagen kann ich mich dann morgen entscheiden, ob ich erst den Westen oder den Norden erforschen will. Carrick liegt für beides zentral.

Carrick-on-Shannon:
Die Berge kommen in Sicht

Als ich am nächsten Morgen aus dem Fenster schaue, traue
ich meinen Augen kaum. Da hinten steht tatsächlich ein
riesenhafter Berg. Am Abend war er mir gar nicht aufgefallen.
Vermutlich war es zu diesig gewesen, der Himmel zog
sich plötzlich zu. Nun sehe ich ihn klar und deutlich vor
mir, greifbar nahe sogar, obwohl die Entfernung schwer
einzuschätzen ist. Ein herrlicher Anblick. Majestätisch und
erhaben steht er da.

Neben seinen gigantischen Ausmaßen wirken die benachbarten
Erhebungen richtig winzig. Es ist kein Berg mit
schroffer Spitze oder unbezwingbaren Steilwänden, sondern
er hat eher das Aussehen von einem überdimensionalen
Hügel. Von den Steigungen der Seitenflanken her muß
er ideal für das Mountain-Biking sein.

Ein Blick auf die Karte sagt mir, daß es sich um den Slieve
Anierin handelt. Er steht keineswegs allein da, obwohl es
fast den Anschein hat, sondern er ist der südlichste Berg
einer langen Kette namens Iron Mountains, den »Eisenbergen«.
Ich glaube, daß ich mich heute dahin aufmachen
werde. Der Berg sieht einfach zu verlockend aus. Außerdem
ist er nur gute 15 Kilometer entfernt und der Beginn der
Bergwelt, die sich bis in den äußersten Norden und Westen
der Insel erstreckt. Das Abenteuer kann beginnen.

Doch bevor es losgeht, heißt es erst noch mal die Proviantvorräte
auffrischen. Der Bummel durch die kleine Stadt
wird zum befremdenden Erlebnis, denn es wimmelt
nahezu von Touristen. Carrick ist nämlich die nördliche
Endstation für Cruiser-Urlauber. Der Shannon ist mit
Abstand der längste Fluß Irlands, er führt durch zauber-

hafte Landschaften und bildet aufregende Seen. So ist es seit vielen Jahren zu einem beliebten Vergnügen geworden, die Ferien auf einem gemieteten Kajütboot, einem Cruiser, zu verbringen. Carrick hat einen Hafen mit Hunderten von Booten und Anlegestellen und entsprechend fremdenverkehrsorientiert geht es in der Stadt zu. Ich bekam das bereits bei meinem Nachtquartier zu spüren, es ging dort bei weitem nicht so herzlich zu wie am Abend zuvor; offensichtlich war ich ein weiterer gerngesehener Gast, aber der Umgang mit den Gästen war der Wirtin auf Dauer lästig. Sie war es müde, Wirtin in einem Taubenschlag zu sein. Bei meinem Bummel durch die Geschäfte begann ich sie zu verstehen. Es ist bestimmt nicht einfach, tagtäglich mit Menschen verschiedener Herkunft, Sprache und Mentalität, eben mit Fremden, umzugehen. Die aufgeschnappten Gespräche von Deutschen, die glaubten unter sich zu sein und nicht verstanden zu werden und sich entsprechend ungehemmt unterhielten, sind aufschlußreich.

Szene 1: In der Schlange an der Kasse unterhält sich eine Gruppe in einer abfälligen Weise über die primitiven Verhältnisse in Irland. Aus ihren Worten spricht eine erschreckende Arroganz.

Szene 2: Drei Männer in zünftiger Jägerstracht sind für sich in einer irischen Kleinstadt bereits eine nachdenklich stimmende Erscheinung. Schockierend die Äußerung des einen beim Anblick einer hochschwangeren Frau, die mit vier kleinen Kindern an der Hand einen Schuhladen betreten will: »Guckt euch die an. Das die nicht mal genug haben können. Die vermehren sich ja wie die Karnickel.« Als ich noch überlege, was ich dem Mann sagen müßte, kommt mir die Frau zuvor– sie ist selber eine Deutsche, freut sich auf das Baby und putzt den unverschämten Jäger gehörig runter, bis dieser wie ein aufgespürter Hase von der Bildfläche verschwindet.

Szene 3: Auf dem Rückweg von meinem Stadtbummel mache ich einen Abstecher zum Shannon runter. Dort ziehen ein paar fremde Angler meine Aufmerksamkeit auf sich, die ihr Glück vom Steg des Ruderklubs versuchen. Einer von ihnen macht sich an einem kleinen Motorboot zu schaffen, das auf dem Steg liegt. Das Boot ist in einem einwandfreien Zustand und offensichtlich vom Trainer des Klubs in gutem Glauben zurückgelassen worden, daß sich niemand daran vergreift. Was macht der besagte Angler? Er stellt sich übermütig in das Boot, beginnt damit zu schaukeln, immer wilder und wilder wird das grauenhafte Gepolter. Dabei fallen Sprüche wie »Was die Leute alles liegen lassen. Denen geht es wohl zu gut.« Die anderen lachen dazu aus voller Kehle. Erst als ich hinzu trete und sie in ihrer Sprache anspreche, verstummt die Gruppe und der Mann im Boot hält peinlich berührt im Randalieren inne. Mit hochrotem Kopf steigt er aus dem Boot und würde sich am liebsten in Luft auflösen.

So also verhalten sich manche Urlauber im Ausland. Sicher, es gibt zum Glück auch andere, und wie ich hoffen mag, sind diese die Mehrheit. Doch diese drei Erlebnisse fanden in nur drei Stunden statt! Ich fühle mich unangenehm betroffen, denn ich weiß, daß man nur zu leicht mit solchen Leuten in einen Topf geworfen wird. Die Extreme prägen das Bild nachhaltiger als der sensationslose Durchschnitt. Wen wundert es da, daß es so wenig Solidarität unter den Menschen, gibt, wenn man so oft bemüht sein muß, sich von anderen zu distanzieren? Was für eine Mentalität spricht aus diesem Verhalten, welche Überheblichkeit und Anmaßung. »Ich hab das Geld, mir gehört die Welt« – nach diesem Motto sehe ich viele Menschen reisen, besonders in ärmeren Ländern fallen sie unangenehm auf.

Carrick-on-Shannon ist eine nette Stadt, doch diese Art von Erlebnissen sind genau das Gegenteil von dem, was ich suche. Es fällt mir also nicht schwer, eilig meine sieben Sachen zu packen und weiter zu fahren. Ich sehne mich plötzlich stark nach Gegenden ohne jeden Fremdenverkehrstrubel.

Lange suchen brauche in danach nicht, denn gleich vor Carricks Toren gehört Irland wieder den Iren. Auf kleinen Straßen rolle ich auf den am Morgen erspähten Berg zu. Je näher ich komme, desto spannender wird die Angelegenheit. Die Straßen sind so schlecht geworden, daß man sie kaum noch als solche bezeichnen kann. Die Landschaft ringsum erscheint ungebändigt, Binsen beherrschen das Bild und wogen im Wind wie Wellen im Meer. Dazwischen verwilderte Hecken und Bäume. Auf halbem Weg sehe ich die Konturen des Berges deutlich vor mir, seine Erscheinung wird immer verlockender. Ich kann es kaum erwarten, wie er sich mit dem Mountain Bike befahren läßt. Der verzaubernde Ruf der Elfen kommt mir in den Sinn, wer ihn hört, der muß ihm folgen. Ebenso magisch zieht der Berg mich an.

Schweißgebadet erreiche ich seinen Fuß auf der südlichen Seite. Die Straße ging dauernd auf und ab, so häufig habe ich die Gänge selten rauf und runter schalten müsse. In Liscarban steht ein einsamer Pub, in den ich doch gleich einmal einkehren muß. Vielleicht bekomme ich dort auch einen Tip für eine günstige Unterkunft. Ich staune nicht schlecht, als ich den Schankraum betrete, er ist zugleich ein Einkaufsladen. Die eine Wand ist mit Regalen ausgefüllt, welche mit allem möglichen brauchbaren Zeug vom Brot bis zum Schnürsenkel vollgestopft sind. Davor steht ein altersschwacher Kühlschrank auf drei Beinen. Seine Tür wird von einem gegengelehnten Stuhl zugehalten, trotzdem sammelt sich darunter eine verdächtige Pfütze. Die Butter, Milch und Würstchen darin sind jedoch fast tiefgefroren. Ein Stromfresser also.

Am Tresen sitzen drei Männer, deren Gespräch bei meinem Eintreten verstummt. Nach dem obligatorischen Kopfschlenkern zur Begrüßung mustern sie mich erst einmal ausgiebig. Zum Glück habe ich meine auffällige Mountain Bike-Kleidung mit den grellen Farben zu Hause gelassen und nur dezente, schwarze Radbekleidung mitgenommen, die Männer hätten mich sonst für ein Wesen von einem anderen Stern gehalten. So ganz in Schwarz biete ich kein zu fremdes Bild für die meist dunkel gekleideten irischen Bauern. Während ich mich bei den Lebensmitteln umschaue, setzt ihr Gespräch wieder ein. Doch was ist das? Ich verstehe kaum ein Wort. Sie sprechen Englisch, das ist kein Gälisch, aber der Dialekt ist so hart, wie ich es selten erlebt habe. Ich setze mich zu ihnen und bestelle ein großes Glas Lucosade, jenen quietschgelben Energiespender-Drink. Nach den unvermeidbaren Worten über das Wetter beginnt ein für mich sehr anstrengendes Gespräch. Die Männer können nicht langsam sprechen, offensichtlich haben sie bisher wenig mit Fremden zu tun gehabt. Ich verstehe also nur jedes dritte Wort, bekomme aber bald mit, daß der freundliche Wirt hinter dem Tresen Jackie Doherty heißt und daß ich ein paar Meilen weiter bei Jackie Lee wegen einer Übernachtungsmöglichkeit nachfragen kann. Bed & Breakfast-Möglichkeiten gibt es hier nicht, aber jener Jackie weiß ein Haus am Berg, das für wenig Geld kurzfristig gemietet werden kann. Ich packe meine Karte aus und vier krumme Finger versuchen mir die betreffenden Orte zu zeigen. Kartenlesen ist nicht ihre starke Seite. Jackie Lee's Platz dürfte jedoch nicht zu verfehlen sein und ich kann dorthin sogar einen Weg wählen, der weiter oben am Berg entlangführt. No question – die Richtung steht fest. Allerdings warnen mich die Männer: Sie glauben nicht, daß ich dort mit dem Bike rauffahren könne. Der Weg sei zu steil. Als ich ihnen von den besonderen Kletterfähigkeiten eines Mountain Bikes erzähle, gucken sie mich ungläubig an. Sie haben dort noch niemanden hochfahren sehen, nicht einmal bergab würden sie es wagen. Sie schieben lieber. Schließlich ist die Strecke so steil, daß beladene Lastwagen nicht hochkommen. Ich bin gespannt. Eine Weile sitze ich noch mit den Männern und genieße die Atmosphäre. Zwei sind schon etwas älter. Sie haben schwarze, abgetragene Anzüge an, die ihnen trotz allem eine gewisse Würde verleihen. Sie sind, ebenso wie der dritte Mann mit den verschmierten Gummistiefeln und der zerrissenen Hose Farmer. Die Lammergebnisse sind im Moment ihr Problem. Das Frühjahr muß hart gewesen sein, die Kälte und der Wind wollten nicht weichen. So ist manches Lamm gleich nach der Geburt gestorben. Einer erzählt, wie er frühmorgens hinzukam, als die Krähen einem noch lebenden, aber vor Kälte starrem Lamm die Augen auspickten. Ställe sind in dieser Gegend nicht üblich, denn normalerweise ist das Klima milder. Und davon abgesehen wäre ein Stallbau auch zu teuer; die Landwirtschaft wirft nicht genug ab. Etwa fünfzig Schafe und sechs Rinder hat der eine Farmer. Leben kann er davon nicht so recht. Den anderen beiden geht es ähnlich. »Viehhaltung ist das einzige, was man mit dem Land hier machen kann«, meint der eine Farmer, »oder Bäume pflanzen, aber die bringen erst nach vielen Jahren was ein. Ackerbau ist hier nicht möglich.« Der einzige, der nicht klagt, ist der Kneipenwirt. Bei ihm scheint sich mancher Farmer seine Sorgen runterzuspülen.

Mich fasziniert die Ausstrahlung dieser Männer. Sie haben es bestimmt nicht leicht, führen ein karges Leben und haben einiges zu beklagen. Trotzdem wird keiner wütend oder gar lautstark aggressiv, als sie darüber reden. Sie bleiben zumindest äußerlich ruhig und gelassen. Niemand erhält die Schuld für die Misere, niemandem wird ein

28

Vorwurf gemacht oder deswegen angegriffen. Welch krasser Gegensatz zu den Erlebnissen heute früh! Hier zeigt sich der Unterschied in den Mentalitäten recht deutlich.

Eine gute Stunde sitze ich mit den Männern zusammen, erfahre noch dies und das über den Berg und die Gegend und plötzlich, als ob irgendwo eine Uhr geschlagen hätte, wird es für alle Zeit zu verschwinden. Die Arbeit ruft. Oder der Nachmittags-Tee. Beim Hinausgehen bemerke ich, daß die drei einen schwankenden Gang bekommen haben. Das Guinness zeigt also doch seine Wirkung. Ich hatte mich schon gewundert, denn die drei haben in der kurzen Zeit einige von diesen großen Gläsern geleert, und so lange sie saßen, war es ihnen gar nicht anzumerken.

Wieder auf dem Rad will ich den Abstecher am Berg entlang machen. Direkt hinter dem Pub geht der Weg geradlinig bergauf. Ohne Schlenker, ohne Kurven. Verdammt, ich hätte mich vorher warmfahren sollen, die Muskeln beginnen die harte Arbeit völlig unvorbereitet. Soll ich lieber umkehren? Nein, das ist der erste richtige Anstieg und irgendwie wirst du den schon schaffen. Der Ehrgeiz ruft. Die Strecke ist so steil, daß ich aus dem kleinsten Gang gar nicht mehr rauskomme. Etwas flachere Passagen fahre ich möglichst entspannt weiter, um den Kreislauf zu beruhigen. Verfluchtes Gepäck! Ich habe zwar nur wenig mitgenommen, doch jedes Stück wiegt und muß nun mit hochgeschleppt werden. Nach drei Kilometern kommt das dicke Ende: Der Weg führt über etwa 500 Meter fast senkrecht aufwärts. Möglichst locker und mit Schwung beginne ich den unteren Teil, dann geht es voll konzentriert weiter. Die Beinkraft soll optimal auf den Pedalen ankommen, kein Totpunkt darf bei den Umdrehungen entstehen, nichts darf an Kraft verschenkt werden. Das Blut tost durch die Adern, die Schläfen hämmern kurz und kräftig. Tief und ruhig atmen ist jetzt wichtig. Tritt für Tritt geht es im Schneckentempo voran, unglaublich, doch es rollt. Ich muß sitzenbleiben, sonst dreht das Hinterrad durch. Und gleichzeitig muß ich aufpassen, daß das Vorderrad nicht abhebt. So steil ist dieser Weg.

Geschafft! Als der Weg nicht mehr steigt, muß ich erst einmal anhalten und mich auf einen Wall am Wegrand setzen. Ich fühle mich völlig kraftlos und gleichzeitig ungeheuer aufgekratzt. Unvorstellbar, daß ich da hochgekommen sein soll. Ein bißchen Stolz mischt sich in mein Gefühl.

Ein atemberaubender Ausblick ist das von hier oben. Hinter mir geht der Berg weiter, ich müßte vielleicht auf halber Höhe sein. Und vor mir liegt das flache Irland wie in einem Bilderbuch ausgebreitet. Der Blick geht unendlich weit. Die Hecken und Wiesen bilden einen riesigen Patchwork-Teppich. Hier und da steht ein kleines weißes Haus, die verschiedenen Grüntöne der Bäume erzählen vom späten Frühling. Winzig klein liegt dort unten der Pub, von dem ich gerade gestartet bin. Das hier ist also die Schwelle zwischen der Bergwelt und den platten Midlands. Ich bin so hingerissen von der Gegend und dem weiten Blick, daß ich hoffe, daß es mit dem über Jackie Lee vermittelten Haus klappt und ich ein paar Tage ohne Gepäck hier umherdüsen kann.

Ein paar Touren zum Warmwerden: Die Lough Allen Region mit den Iron Mountains

Jackie Lee entpuppt sich sofort als ein äußerst netter und hilfsbereiter Mann. Er gesteht mir, daß er mit dem besagten Haus eigentlich gar nichts zu tun hat. Er weiß jedoch, wer dafür verantwortlich ist, sucht eine Telefonnummer raus und ruft kurzerhand dort an. Das Haus ist frei, ich kann es haben. In einer halben Stunde kommt jemand mit dem Schlüssel vorbei. Zeit für ein ausgedehntes Schwätzchen. Jackie hört offensichtlich gerne, was in der großen Welt vor sich geht. Er ist selber einmal zweiundzwanzig lange Jahre im Ausland gewesen, um Geld zu verdienen. Elf Kinder hat er mit seiner Frau inzwischen großgezogen. Gemeinsam betreiben sie einen Laden für alles, was in der Gegend benötigt wird. Das Angebot reicht von Milch und Brot über Schnürsenkel bis hin zu Brennstoff für den Kamin. Vor der Tür bemerkte ich schon die Zapfsäule für das Benzin, etwas lädiert, aber in Funktion. Die eine Ecke des Ladens ist mit einem kleinen Tresen abgeteilt, auf dem eine merkwürdige Fensterkonstruktion ruht. Darüber hängt ein selbstgemaltes Schild: »An Post«, der örtliche Postschalter ist das also. Daneben ein Tischchen mit ordentlich gestapelten Broschüren. Jackie erzählt mir stolz, daß diese »Abteilung« sein Reisebüro ist. Neulich hat er sogar einen Flug nach Australien verkauft, zu einem sagenhaft günstigen Preis natürlich. Die Familien dieser Gegend sind in alle Welt zerstreut, viele wandern immer noch aus, denn es gibt keine Arbeit. »Das traurige Schicksal vom County Leitrim«, sagt er, »es bricht einem das Herz, mit ansehen zu müssen, wie einer nach dem anderen gehen muß. Es ist so schön hier, wir alle lieben es, aber die Binsen machen keinen satt.« Ein Kunde kommt rein, kauft zwei, drei Sachen für das Abendbrot, ein neues Gespräch beginnt. Der Mann spricht wieder diesen harten, schwer verständlichen Dialekt. Offensichtlich geht es aber um das Wetter und um Spekulationen, die einen heißen und trockenen Sommer prophezeien. »Let's see and hope for the best«, mit diesen Worten verschwindet der Mann wieder. Er scheint seinen eigenen Vorhersagen nicht vollends zu vertrauen. Jackie schreibt den Kaufbetrag des Mannes in einer Liste an und ergänzt: »Mit dem Wetter sind wir alle skeptisch. Die letzten Tage waren so herrlich warm und sonnig und nachher zur Heuernte regnet es womöglich wieder. Die letzten Jahre waren wir vom Pech verfolgt.«

Draußen hält ein Auto mit kaputtem Auspuff an der Zapfsäule, eine Haustür schlägt, eins von Jackies Kindern füllt das Benzin ab und kassiert. Sehr alt kann der Junge noch nicht sein. »Er ist dreizehn«, erhalte ich zur Antwort. Auf mein Erstaunen hin erklärt Jackie: »Meine Frau ist Lehrerin und fährt anschließend den Schulbus, da kommt sie spät nach Hause. Hin und wieder helfen dann die Kinder im Laden mit.« Jackie bringt das so selbstverständlich vor, daß ich mir die weitere Frage – warum denn der Junge nicht in der Schule ist – verkneife.

Ich suche selber ein paar Sachen für das Abendbrot zusammen und wie ich gerade am bezahlen bin, tritt eine Frau herein und fragt nach mir. Sie hat den Schlüssel für das Haus. Wie sich sofort herausstellt ist sie selber eine Deutsche, wohnt seit einigen Jahren hier und kennt die Berge wie ihre eigene Westentasche. Sie wandert viel und ist neuerdings sogar selbst stolze Besitzerin eines Mountain

Bikes. »Dies ist eine ideale Gegend für solche Unternehmungen, besonders jetzt, wo das Wetter so lange trocken
war.« Meine Vorfreude steigt.

Annette lädt mein Bike und Gepäck in ihren Kombi. Vier
Kilometer sind es etwa bis zu dem besagten Haus. Unterwegs erfahre ich, daß gleich nebenan ein riesiges Waldge-
lände liegt, auf dessen Forstwegen es sich ausgezeichnet
biken läßt. Und hinter dem Haus führt ein Weg auf die
endlosen Hochebenen der Iron Mountains, die wegen der
Trockenheit ebenfalls prima querfeldein zu befahren sind.
Ich bin gespannt, offensichtlich bin ich an die richtige
Adresse geraten. »Egal ob Berge oder Wald, hinterlasse in
jedem Fall eine Nachricht, wohin du aufgebrochen bist.
Diese Gebiete sind nicht leicht zu befahren und wenn du
irgendwo ernsthaft stürzt, so wird dich dort so bald kein
Mensch finden.«

Inzwischen sind wir an dem Haus angekommen. Doppel-
stöckig, weiß mit roten Fenstern, es sieht einladend aus.
Innen riecht es ziemlich muffig, doch Annette versichert
mir, daß sich der Geruch bald legt, wenn jemand darin
wohnt und für Luftbewegung sorgt. Ich werde es sehen. Es
gefällt mir, der Preis ist günstig, die Gegend überaus reiz-
voll, also bleibe ich. Annette beschreibt mir den Weg zu
ihrem Haus, dort kann ich mir detailliertes Kartenmaterial
und weitere Tips abholen. Außerdem will sie mir einen
dicken Ordner mit ausgearbeiteten Wanderrouten zu lesen
geben, geschrieben von einem ansässigen Priester, ver-
mischt mit den Mythen und Legenden der Gegend, etwas
für Feinschmecker also. Ich freue mich auf die kommenden
Tage.

Am nächsten Morgen schraube ich alles überflüssige von
meinem Bike ab und verwandle den Lastenesel in eine
Sportmaschine. Ein leichter Rucksack reicht für Proviant,
Ersatzschlauch, die notwendigsten Werkzeuge und etwas

Eine Spritztour auf der Schotterpiste.

zum Überziehen. Gepäck und Berge sind zwei Sachen, die sich nicht miteinander vertragen. Ich will die Gegend unbeschwert erkunden und leicht wie ein Vogel dahinfliegen können.

So geht es dann los. Die erste Spritztour führt in den Wald. Im Haus fand ich die Kopie einer Landkarte, auf der mir die Forstwege eingezeichnet zu sein schienen. Es muß tatsächlich ein riesiges Gebiet sein. Die Ausläufer konnte ich vom Küchenfenster aus erspähen, sie sahen recht einladend aus. Die reinen Bergtouren hebe ich mir noch auf, denn das Wetter ist heute morgen zu diesig, die Wolken hängen so tief, daß die Bergkuppen darin verschwinden. Kühle, feuchte Luft empfängt mich unter den hohen Fichten. Der wohlbekannte würzige Duft schmeichelt meiner Nase. Nach einem kurzen Stück folgt noch einmal eine Wiese, die einen aufregenden Panoramablick auf das wolkengekrönte Bergmassiv der Iron Mountains freigibt. Alpengefühle kommen auf. Wieder im Wald, rauscht dort tatsächlich ein Wildbach nach dem anderen die Hänge herunter. Hier ein Stück Laubwald, dort drüben das zarte Grün unzähliger Lärchen. Heidi, wo bist du? Als ich bergab im rasenden Schottergalopp auf eine Brücke zusteuere, scheuche ich ein paar Ziegen auf. Und Schafe. Sie erst erinnern mich wieder, wo ich eigentlich bin. Kaum zu fassen, daß dies Irland ist. Von dieser Seite habe ich es bisher noch nicht kennengelernt. Verrückt, wie viele Nuancen ein Land haben kann.

Die Forstwege machen auch dem Mountain Bike richtigen Spaß, nur selten gibt es Situationen, bei denen die Griffigkeit der Reifen in einen kritischen Bereich gerät. Das sind vornehmlich Stellen mit feinem, trockenem Kies oder Steigungen mit lehmiger, schmieriger Oberfläche. Da heißt es raus aus dem Sattel und Obacht geben, damit das Hinterrad nicht durchrutscht. Die gefühlvolle Verlagerung des Ober-

Hoch über dem Lough Allen.

körpers ist hier gefragt, die ausgefeilte Technik des Mountain Bike-Fahrens. Verdammt steil sind manche Passagen. Sie erfordern vollste Konzentration, damit man unterwegs nicht absteigen muß. Nur langsam geht es vorwärts, aber es bewegt sich.

Eines dieser Steilstücke befördert mich plötzlich auf eine Hochebene, die Bäume bleiben hinter mir. Torfland – doch zu stechen scheint hier niemand. Vermutlich ist der Flecken zu weit abgelegen. Welch krasser Gegensatz zu dem üppigen Wachstum im Walde. Hartes, kurzes Gras, Moose und Flechten, dazwischen ausgewaschene Rinnen, in denen der nackte Torf zu sehen ist. Ärgerlich das Autowrack, das jemand hier schon vor Jahren abgestellt hat.

Ich muß vorhin die falsche Richtung eingeschlagen haben. Diese baumlose Hochebene kann ich auf der Kartenkopie nirgendwo finden. Vermutlich liegt sie außerhalb des Kartenausschnittes. Trotzdem ist die Karte eine große Hilfe, denn so ungefähr gibt sie mir einen Anhaltspunkt, wo ich mich befinde. Markante Orientierungspunkte in der Landschaft kann ich nicht ausmachen: Ringsum ist Wald, soweit das Auge reicht. Gute anderthalb Stunden bin ich bisher gefahren, fast zwanzig Kilometer hat mich das Bike in den Wald getragen. Was tun? Umdrehen oder auf eigene Faust versuchen auf einen Weg zu stoßen, der wieder im Bereich der Kartenkopie liegt? Ich entscheide mich sofort für die zweite Möglichkeit. Das Abenteuer lockt. Schließlich habe ich Zeit, der Tag ist noch jung. Dumm, daß ich vorhin den Kompaß nicht eingesteckt habe.

Ich folge am Waldsaum querfeldein der Richtung, die ich nach meinem Gespür für die richtige halte. Der Torfgrund ist hart und verdammt uneben. Schnelles Fahren ist nicht drin. Nach kurzer Zeit bin ich gewaltig durchgeschüttelt. Überall lauern Hindernisse, die die Fahrt abrupt unterbrechen können: Superdicke Grasbüschel oder überwachsene

Erdspalten. Der Sattel ist tief gestellt, damit ich jederzeit Bodenkontakt haben kann und nicht aus dem Sattel gestoßen werde. In einem Binsenstück scheuche ich Fasanen auf. Sorry, ihr wollt hier sicher nisten.

Der Wald ist hier undurchdringlich dicht. Eigentlich müßte ich langsam in ihn eindringen, um meine Richtung ungefähr beizubehalten. Der nächste Bach bringt die Lösung. Ich folge seinem Lauf bergab. Das Vorwärtskommen ist nun mühselig geworden, denn fahren ist kaum noch möglich. Jetzt heißt es schieben. Häufig muß ich das Rad sogar geschultert tragen, gelegentlich auch das Bachufer wechseln. Wo mag er mich hinbringen?

Eine halbe Stunde später ist der Bach zu einem laut rauschendem Wildbach angeschwollen. Ein Überqueren ist nicht mehr überall möglich, tief und reißend ist er an manchen Stellen. Die Bäume am Ufer stehen hoch und mächtig, die Äste reichen tief und machen ein Eindringen weiterhin unmöglich. Undurchdringliche Wildnis im wahrsten Sinne des Wortes. Wie ich darüber nachsinne, quillt zu meinem Erstaunen eine dunkle Wolke durch die Fichten und erfrischt mich mit ihren feinen Tropfen. Der Wald erhält einen gespenstischen Charakter. Wind kommt auf und treibt weitere Wolkenfetzen durch das Geäst. Kühl sind diese Wolken, doch solange ich in Bewegung bleibe wirken sie angenehm auf meinen verschwitzten Körper. Ob dieser dramatische Wetterwechsel lange anhält? Die Sicht ist verloren gegangen, das ist jedoch im Moment egal, denn allmählich befinde ich mich ziemlich weit unten im Bachtal, wo eine weite Aussicht sowieso nicht zu erwarten ist.

Weiter geht es am Bach entlang. Ich muß das Rad immer häufiger schultern, denn die Wassermassen haben sich tief in das Gelände eingefressen und am Ufer nur grobe Felsen zurückgelassen. Manche Steine sind recht glitschig, ich muß mich darauf konzentrieren, auf ihnen nicht auszurutschen. Das Vorwärtskommen wird immer strapaziöser. Viele kleine Rinnsale speisen diesen Bach. Es ist erstaunlich, welche Wassermengen dabei zusammenkommen. Der Geräuschpegel zwischen Felsen ist ohrenbetäubend. Idyllisch kann man es hier kaum nennen, zutreffender ist der Ausdruck gewaltig. Die Kraft des Wassers. Es tost talwärts und nimmt alles mit, was nicht niet- und nagelfest ist. Nach anderthalb Stunden an diesem Wildbach taucht eine Brücke vor mir auf und erlöst mich von den Anstrengungen. Ich bin wieder auf einem Forstweg. Zeit für eine wohlverdiente Pause. Wo ich mich befinde kann ich zwar immer noch nicht genau ausmachen, doch ich werde dem Weg auf gut Glück in südlicher Richtung folgen.

Die nächste Brücke und die darauf folgende Abbiegung geben mir die Bestätigung meiner Vermutungen, ich kann also wieder der Karte folgen. Der Bach soeben war einer der vielen Yellow Rivers. Er fließt noch etliche Kilometer, bis er in einen größeren Fluß mündet.

Die Forstwege wirken jetzt richtig entspannend, obwohl ich auch sie wegen ihrer heftigen Steigungen und dem losen Schotter, der aus Steinen jeglicher Größe besteht, zu einem eher schwierigen Gelände zähle. Nach wie vor wird Kraft, Konzentration und Geschicklichkeit verlangt. Aber es macht Spaß endlich wieder dahinsausen zu können.

Nach sechseinhalb Stunden trudle ich erschöpft und glücklich im gemieteten Haus ein. Dieser Trip durch den Wald war ein aufregendes Erlebnis. In meinen kühnsten Träumen zuvor habe ich nicht damit gerechnet, daß es so etwas in Irland geben würde. Sechseinhalb Stunden Wald, keine Menschenseele, nicht einmal eine Kuh. Dichter, undurchdringlicher Wald mit unzähligen rauschenden Bächen. Eine Entdeckung, die mir erst mit dem Mountain Bike möglich wurde.

Eine der nächsten Touren führt mich zu Annette. Ich

Im Arigna Valley.

möchte das besagte Kartenmaterial studieren. Sie wohnt zehn Kilometer entfernt, der Weg dorthin ist von umwerfender Schönheit. Es geht am Berg entlang, der Blick schweift unendlich weit über die Midlands, die im Maßstab einer Modelleisenbahn vor einem liegen. Ich fühle mich plötzlich als Teil einer Ansichtspostkarte, oder zumindest fahre ich durch sie hindurch.

Annette begrüßt mich mit großem Hallo, fragt ob ich Zeit habe. Als ich dies bejahe, holt sie ihr Bike aus dem Schuppen und radelt mit mir runter nach Drumshanbo. Sie will mich unbedingt mit Father Tynan bekannt machen, einem örtlichen Priester, der eine Vielzahl von Aufgaben übernommen hat und mit seinem Engagement der Gegend und den Leuten hilft, wie sonst kaum ein anderer. Eine Leidenschaft von ihm ist, neben dem Angeln, das Hill Walking, zu deutsch Bergwandern. Wenn es die Zeit irgendwie erlaubt, begibt er sich auf Schusters Rappen, um neue Wandermöglichkeiten in den Bergen rings um das Lough Allen zu erkunden. Im Laufe der Zeit hat er etliche Routen zusammengetragen, unter denen auch interessante für das Mountain Bike sind. Ein Fachmann also, der mir gute Tips geben kann. Annettes Bike ist übrigens nicht zu verachten, ein englisches Dawes mit edler Ausrüstung. Sie mußte dafür weit fahren, bis nach Longford, wie sich herausstellte zur gleichen Adresse, die ich vor ein paar Tagen zum letzten Check meines Rades angelaufen habe.

Father Tynan ist mir auf Anhieb sympathisch. Seine Augen

Erfrischende Bäche finden sich überall – am Kilronan Mountain.

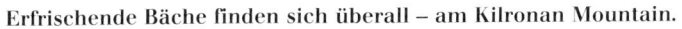

lachen verschmitzt, als er bemerkt, daß er in mir ebenfalls einen Bergnarren vor sich hat. Er sucht seine Pfeife, die die nächste Stunde ununterbrochen brennen wird, während er mir anhand einer Karte einige Ziele und deren Schwierigkeitsgrade erläutert. Besonders spannend wird es, wenn Father Tynan mit seiner Stimme in den Tonfall eines irischen Geschichtenerzählers verfällt. Dann werden plötzlich die Legenden lebendig, die uralte Vergangenheit zur Gegenwart. So erzählt er beispielsweise, wie einst zu grauen Vorzeiten der Riese Finn MacCool in den Arigna Bergen stand und auf der anderen Seite vom Lough Allen auf dem Slieve Anierin einen Feind erspähte. Daraufhin ergriff er einen Felsklotz von der Größe eines Hauses und schleuderte ihn kurzerhand über den See nach ihm. Ob er getroffen hat ist unklar, aber dieser Stein liegt heute noch da. Zwanzig Tonnen mag er wiegen, Finn MacCools Fingerabdrücke sind nach all der langen Zeit immer noch deutlich zu sehen. Mitunter besichtigen Leute den Stein und es soll einem die Gabe der Kraft und Ausdauer bescheren, wenn man den Abdruck berührt. Eigentlich lag das Monstrum von Stein bis vor kurzem noch in einer sehr kippligen Lage, mit nur einer Hand konnte man ihn ins Wackeln versetzen. Doch ein paar übermütige Menschen haben den Spaß übertrieben und den Stein zur ewigen Ruhe gesetzt. Der Weg dorthin führt steil bergauf und wie ich später selbst erfahre ist er und die Gegend dort oben ein ideales Terrain zum Mountain Biking. Das ganze große Bergplateau läßt sich dort erradeln. Die Blicke reichen nicht nur über die imposante Lough Allen Region, sondern an klaren Tagen sogar bis zum Atlantik.
Logisch, daß mir Father Tynans Erzählungen Appetit gemacht haben. Er sollte sie vielleicht selber einmal in Buchform veröffentlichen, der Erfolg wäre garantiert. Auf dem Rückweg spreche ich mit Annette über den Eindruck,

den seine Person auf mich gemacht hat. Und sie bestätigt mir: »Das Bild des Priesters, das wir kennen, muß vielleicht überholt werden. In Irland gibt es heutzutage viele Priester, die sich in allen möglichen Sachen auch außerhalb der Kirche engagieren, meist in sozialen Bereichen. Sie erscheinen in ihrer Art recht weltlich und sind manchmal nur an ihrer Kleidung als katholische Würdenträger zu erkennen. Trotzdem sind sie Priester und nehmen auch ihre Aufgaben in der Kirche wahr. Die Anwesenheit eines Priesters gehört zum irischen Alltag, weniger als Respektsperson, sondern als Helfer in allen erdenklichen Lebenslagen. Das ist eigentlich ein großartiger Job: Zu helfen, wo immer man gebraucht wird. Und häufig sieht man es, daß die Hilfe für jeden da ist, egal welcher Konfession man angehört. In dieser Hinsicht hat sich in Irland in den letzten Jahren allerhand zum Positiven entwickelt.«

Annette gibt mir eine Sammlung von Father Tynans Aufzeichnungen mit auf den Weg und einen dicken Stapel Kartenmaterial. »Viel Spaß«, wünscht sie mir für die nächsten Tage. Den werde ich bestimmt haben.

Auf dem Heimweg mache ich einen Abstecher in Jackie Dohertys Pub. Heute will ich einmal Guinness trinken, ich verspüre richtigen Durst auf diesen schwarzen Trank. Und schon wieder ist mir das Glück hold: Mittwochabends treffen sich dort das ganze Jahr über Leute, um gemeinsam traditionelle irische Musik zu spielen. Der Pub ist gerammelt voll, Jackie erkennt mich trotzdem und begrüßt mich mit lautem »How are you«. Eine alte Frau stimmt gerade ihre Geige. Als sie mit einem flotten Reel loslegt, kommt sofort Stimmung auf, die Leute juchzen ihr ermunternd zu, manche versuchen in dem Gedränge zu tanzen. Beim nächsten Lied wird sie von einer zweiten Geige, einem Akkordeon und einer hölzernen Querflöte unterstützt. Den Rhythmus schlägt ein lustiger Alter mit zwei Eßlöffeln. Das Guin-

Auf dem Weg zur Music Session.

ness fließt in Strömen, heute ist Jackies großer Tag. Die
Frau und seine erwachsenen Kinder müssen beim Zapfen
helfen. Ein Wunder, daß sie noch den Überblick behalten
können, denn der Pub wird immer voller. Und was die
Leute trinken können! Schulter an Schulter stehen sie,
schwatzen oder lauschen der Musik, umfallen kann keiner
mehr. Die Biere werden vom Tresen aus in die hinteren
Reihen einfach weitergereicht, so wie das Wasser in Eimern
zum Feuerlöschen. Das es manchmal überschwappt stört
niemanden.
Ich bleibe bis zum letzten Lied, so gut gefällt mir dieser
Abend. Die »last calls« zur »closingtime« sind schon eine
Weile verklungen und Jackie dreht die Lichter an. Die
Instrumente spielen zum Abschied die Nationalhymne. Die
Leute stehen auf, nehmen eine feierliche Haltung ein, wer
eine Mütze auf hat setzt sie ab. Für zwei Minuten verstum-

44

men alle Gespräche, andächtig hört jeder zu. Danach gehen die Unterhaltungen weiter, und zwar dort, wo sie zuvor aufgehört haben. Das Geräusch im Pub gleicht dem in einem Bienenschwarm. Wie lange die Leute bei Jackie Doherty noch zusammenstanden, weiß ich nicht. Ausgeschenkt wird schon eine ganze Weile nichts mehr. Ich jedenfalls mache mich auf den Heimweg. Zum Glück ist es am Horizont noch hell und der Mond scheint voll herab, eine Lichtanlage habe ich nämlich nicht am Rad. Die dreieinhalb Pints brausen durch meine Adern, als es bergauf geht. Die eine oder andere Schlangenlinie werde ich wohl beschrieben haben, doch letztlich bin ich sicher zu Hause angekommen und falle bald darauf in einen tiefen Schlaf.

Ausflüge in die Vergangenheit: Verwunschene Minen und andere geschichtsträchtige Gegebenheiten am Slieve Anierin

Die Lough Allen Region entpuppt sich als ein in jeglicher Hinsicht dermaßen interessantes Gebiet, daß ich beschließe hier eine längere Zeit zu bleiben. Das Lough Allen selber ist der erste große See nach der Quelle des River Shannon, dem längsten Fluß Irlands. Der See hat die Form eines auf der Spitze stehenden Dreiecks, erstreckt sich etwa 15 Kilometer in Nord-Süd-Richtung und ist wegen seiner Größe sogar auf den meisten Schulatlanten zu finden. Umgeben ist er im Westen von den Arigna- und den Corry Mountains, im Norden von einem riesigen Bergmassiv, das merkwürdigerweise keinen Namen trägt. Im Osten befindet sich die Kette der Iron Mountains, an deren südöstlichen Hängen das von mir gemietete Haus liegt.

All die Berge ringsum sind ein Paradies für Mountain Biker. Die Wege, die hinauf führen, sind zum Teil als schwierig einzuschätzen, weil manche von ihnen so steil sind, daß sie gerade noch befahren werden können. Doch wer will findet auch leichte Anstiege. Eigentlich bietet sich hier für jeden Geschmack etwas. Ähnlich breit gefächert sind die Möglichkeiten im oberen Bergbereich, sie reichen von härtesten Geländeritten bis hin zu leichteren Wegen mit Panoramablick. Father Tynans Aufzeichnungen und Annettes Erläuterungen waren für mich äußerst hilfreich, denn die Berggegend ist bisher keineswegs mit Hinweisschildern oder ähnlichem erschlossen. Ich rate jedem, der diese

An der Quelle des River Shannon.

Drumshanbo kurz vor der Wahl.

Berge ebenfalls kennenlernen will, an die Südspitze des Sees nach Drumshanbo zu gehen und sich dort nach Annette durchzufragen. Sie wohnt ungefähr vier Kilometer außerhalb des kleinen, netten Örtchens, das, nebenbei gesagt, ein günstiger Ausgangspunkt zum Entdecken der Region ist. Sie hat mit auch versichert, daß sie jedem mit ihren Tips gerne helfen will.

Sechs Wochen bin ich in der Lough Allen Region geblieben, und fast jeden Tag gab es etwas Neues zu entdecken. Ich bin immer noch hingerissen von der Vielfalt dieser Gegend. Sie war mir bisher gänzlich unbekannt. Merkwürdigerweise findet man in den Reiseführern kaum etwas über die Region und auch in anderen Touristenpublikationen wird sie fast nie erwähnt. Annette ergänzt: »Nicht nur die Lough Allen Region, sondern das ganze County Leitrim wird allgemein mit Schweigen bedacht. Selbst in den Nachrichten und im Wetterbericht wird es übergangen. Da fragt man sich manchmal, ob wir hier überhaupt zu Irland gehören. Es ist ein vergessener Landstrich. Dabei stehen wir den bekannten Ecken Irlands weder an Schönheit noch an Abwechslung nach. Klar, das Meer ist eine Autostunde entfernt, das ist aber der einzige Nachteil und er wird durch andere Reize bei weitem wieder ausgeglichen.« Die Lough Allen Region und das gesamte County Leitrim können also durchaus als Geheimtip gehandelt werden. Und sie werden es auch in den nächsten Jahren bleiben, denn vom bekannten Massentourismus sind bisher noch absolut keine Spuren zu finden.

Die Mountain Bike Möglichkeiten rings ums Lough Allen sind ideal. Wenn ich so allgemein von dem Reiz und der Schönheit der abwechslungsreichen Landschaften spreche, darf ich natürlich nicht die Menschen vergessen, die dort wohnen. Auch sie habe ich als einzigartig kennengelernt. Unberührt vom Massentourismus und von vielen Entwicklungen haben sie sich etwas bewahrt, was uns übrigen Europäern schon lange verlorengegangen ist. Dieses Etwas ist schwer zu benennen, aber es drückt sich beispielsweise in der Freundlichkeit und Achtung anderen gegenüber aus, die wir im täglichen Umgang sonst so häufig vermissen. Die Leute dieser Gegend haben immer Zeit für ein Gespräch, ja eigentlich gehört es dazu, wenn man jemanden trifft. Hektik und der Ruf »keine Zeit« scheinen fremd zu sein. Viel eher stößt man auf Hilfsbereitschaft und Anteilnahme. Neugieriges Hinterfangen habe ich nie feststellen können, dafür aber echtes Interesse. Das Verhalten dieser Menschen wirkt angenehm, ich fühlte mich unter ihnen stets wohl. Dies sind meine Beobachtungen und Reaktionen darauf. Sie

Eine kleine Pause ist auch beim Viehmarkt nötig.

werden durchaus nicht von allen geteilt. Am Lough Allen unterhielt ich mich mit ein paar Anglern, die ihre Ferien in der Gegend verbrachten. Als langjährige Irlandfreunde sind sie ebenfalls viel herumgekommen und haben die verschiedensten Eindrücke kennengelernt. Ihr Urteil:»Das ist die hinterste Provinz hier. Landschaftlich ist es wunderbar und wegen der vielen Seen ist es für Angler ideal. Doch schade ist es, daß man immer erst querfeldein laufen muß, bevor man an die Seen herankommt. Ich vermisse Zufahrtsstraßen und Parkplätze. Das würde doch alles gleich viel attraktiver machen, Auch sonst könnte für meinen Geschmack hier einiges zivilisierter aussehen. Doch die Leute hier scheinen daran wenig Interesse zu haben. Sie sind sehr nachlässig mit ihren Sachen. Guck dir nur die Autos an, wie zerrostet und verbeult die umherfahren. Unsereiner würde sich sofort daranmachen und den Schaden reparieren. Auf mich wirken die Leute faul und nachlässig, eine Lebensart, die ich nicht verstehe und die mir fremd ist.«

Als ich noch nach einer Erwiderung suche, greift ein gemütlich wirkender Mann ein, ebenfalls ein Fremder, der gerade hinzugekommen ist und die letzten Worte mitbekam:»Also wenn sie mich fragen, ich fahre gerade wegen dieser anderen Mentalität immer wieder gerne nach Irland. Hier in den abgelegenen Gegenden treffe ich sie noch am ausgeprägtesten an. Was sie als Faulheit und Nachlässigkeit bezeichnen ist für mich ein Beleg für die Tatsache, daß die Menschen eine andere Wichtigkeit haben, als wir sie gewohnt sind. Hier gelten andere Maßstäbe und andere Prioritäten. Die Zeit für ein Gespräch, und sei es noch so belanglos, ist eben wichtiger, als alles immer in perfekter Ordnung zu halten. Auf mich wirkt das wohltuend, denn die Richtigkeit unserer Lebensweise stelle ich langsam immer mehr in Frage. Die Iren zeigen mir, daß es auch anders geht, zumindest was unsere zwanghafte Verpflichtung zum

Fleiß anbelangt.« Ich hätte es ähnlich ausgedrückt, der Mann sprach mir voll aus der Seele.

Von den einmaligen Touren, die ich in der Lough Allen Region unternahm, kann ich aus Platzgründen nur wenige wiedergeben. Es sollen aber die sein, die mich in besonderer Weise in die Vergangenheit versetzen. So der Tagesausflug um den Slieve Anierin, dem südlichsten Berg der Iron Mountains. Der Trip beginnt gleich hinter dem Haus relativ schwierig zu werden, denn ich biege vom befestigten Weg ab und habe mir einen Anstieg ausgesucht, der quer durch die Landschaft geht. Zum Glück gibt es nur wenige Zäune zu überqueren, die Wiesen sind riesig. Größere Schwierigkeiten bereiten dagegen die Bäche, manche haben tiefe Schluchten in das Gestein gefressen. Das bedeutet von der geradlinigen Strecke abzuweichen und einen geeigneten Übergang finden zu müssen. Mitunter muß ich mich dabei gewaltig vom geplanten Kurs entfernen. Die härteste Nuß ist ein Bach, der eigentlich nur ein Rinnsal ist, jedoch einen vielleicht zwanzig Meter tiefen Canon gegraben hat. Senkrecht gehen die Wände hinab, an ein Runterklettern ist nicht zu denken. Den Aufprall des Steines, den ich hinunterwerfe, kann ich nicht hören, das Rauschen des Baches wird durch die steilen Wände um ein Vielfaches verstärkt und erlaubt keine Nebengeräusche. Verlockend ist es an einer engen Stelle rüberzuspringen; doch meine Bedenken halten mich zurück. Schließlich muß auch das Bike hinüberbefördert werden. Sollte ich einen Unfall haben, so findet mich hier so bald niemand. Ein ganzes Stück bachaufwärts erst wird es möglich hinunterzuklettern. Fünfzig Meter weiter sieht es auf der gegenüberliegenden Seite so aus, als ob man dort wieder hochkommen könnte. Ich will mein Glück versuchen, denn sonst sehe ich keine greifbare Gelegenheit.

Unten im Bachbett empfängt mich eine ganz andere Welt. Wasser tropft über Schieferplatten die Wände herunter, die Gewächse dazwischen sind mir gänzlich unbekannt. Manche könnten Wasserpflanzen sein, jedenfalls lassen die schmierigen Algenbärte hier und da diesen Schluß zu. Die Strömung des Baches habe ich mächtig unterschätzt, sie ist so kräftig, daß ich mich mit dem Bike abstützen muß. Anderenfalls würde würde mir das Wasser auf den glitschigen Steinen einfach die Beine wegreißen. Nur langsam komme ich voran, Schritt für Schritt muß ich den Grund ertasten. Auf der Hälfte der Strecke bin ich bereits total durchnäßt, das Wasser spritzt mir um die Ohren, und von innen heraus treibt der Schweiß, obwohl es hier unten reichlich kühl ist.

Dann der Aufstieg. Ob ich den schaffe mit dem Bike auf dem Rücken? Von unten sieht es viel steiler aus als von der gegenüberliegenden Seite. Die Schuhe finden wenig Halt. Die Oberfläche des Aufstieges ist rutschig, gelegentlich bricht ein Stück Schiefer heraus. Das kostet Kraft und Konzentration. Mitten in der Wand geht es plötzlich nicht mehr weiter, weder nach oben noch nach unten. Ich hänge zwischen Himmel und Hölle. Bloß nicht bewegen, sonst rutsche ich vollends hinunter! Die Kräfte scheinen mich verlassen zu haben. Ich warte einige Minuten ab, um mich zu sammeln. Soll ich das Bike einfach abwerfen? Nein, ich will es noch einmal versuchen, schließlich ist es nur noch ein kurzes Stück. Mit aller Anstrengung gilt es tausend brenzlige Situationen zu überwinden. Endlich ist es geschafft. Mir zittern die Knie, als ich oben wieder auf der sicheren Wiese stehe. Worauf hast du dich da eingelassen? Dieses Risiko war etwas zu hoch, demnächst solltest du auf solche waghalsigen Klettereien verzichten. Schließlich hast du ein Fahrrad dabei und das verändert die Situation um einiges. Die Beweglichkeit ist beeinträchtigt, der Schwerpunkt verlagert sich. Klettern mit dem Bike auf dem Rücken – eine neue Disziplin, die nicht gerade einfach ist.

Nach einer ausgiebigen Pause geht es weiter. Mein Ziel habe ich wieder vor Augen: Eine vorragende Felsnase an der Seite des Berges, sie ist dem Hochplateau sehr nahe. Dorthin soll eine alte Treckerspur führen, die zwar völlig überwachsen ist, aber sich trotzdem besser befahren läßt, als die inzwischen moorigen Wiesen. Ich stoße auf eine einspurige Straße, von der aus sich die Treckerspur leicht finden läßt. Annettes Beschreibung ist äußerst genau.

Je länger ich dieser Treckerspur folge, desto schwieriger wird es, ihren weiteren Verlauf auszumachen. Offensichtlich wird sie selten benutzt. Die Binsen stehen ebenso hoch wie auf der übrigen Wiese. Der große Unterschied ist jedoch der, daß man auf dieser Spur nicht grundlos bis über beide Achsen versinken kann, weil sie vor Urzeiten einmal mit Steinen befestigt wurde. Damals waren es sicherlich keine Trecker, die diesen Weg nutzten, sondern eher Esel-karren und Pferdekutschen. Wohnen tut hier oben niemand, auch die Reste alter Häuser kann ich nicht erspähen. Merkwürdig, wo mag die Spur hinführen? Um einen Verbindungsweg zur anderen Seite des Berges wird es sich auch kaum handeln, denn weiter vorne steuert er auf eine Felswand zu, die sich über die gesamte Breite des Berges erstreckt und höchstens zu Fuß erklommen werden kann, aber keineswegs mit Kutsche oder Karren. Ein rätselhafter Weg.

Das Vorwärtskommen ist mühselig. Auch auf dem Weg versinken die Räder mitunter bis weit über die Speichen-nippel im Matsch. Doch darunter greifen sie auf jene Steine und finden den Halt, der ein Fahren gerade noch möglich macht. Ich wage mich nicht abseits des Weges zu fahren, denn die Versuche zuvor endeten jeweils in unergründlichen Sumpflöchern. Der Weg kostet viel Kraft, obwohl er

nur ganz allmählich ansteigt. Häufig will das Hinterrad durchdrehen, der Morast hat das Profil schon lange verklebt und den Reifen zum glitschigen Aal werden lassen. Trotz aller Anstrengung macht es mir riesigen Spaß, mich durch dieses Hochmoor zu kämpfen.

An der Steilwand geht die Treckerspur plötzlich in eine Schotterpiste über, die sich steil und in Serpentinen bis auf die halbe Höhe der Steilwand windet. Jetzt ist der Weg nicht mehr überwachsen, zwischen Steinen und Geröll finden die Gräser und Moose keine günstigen Lebensbedingungen. Die Piste endet in einer geräumigen Schotterebene. Endlich klärt sich das Rätsel des Weges weitgehend auf. In exakten Abständen zueinander sind tiefe Löcher in die Felswand gehauen worden, Gänge, deren Ende ich nicht erkennen kann. Dies sind die Eingänge zu alten, stillgelegten Bergwerksstollen, mehr als ein Dutzend an der Zahl. Mich verblüfft, wie niedrig sie sind. Ein Mensch kann hier nur auf allen vieren reinkriechen. Mir kommen Bilder aus Geschichtsbüchern in Erinnerung, die zeigen, wie vor hundert Jahren noch Kinder in solche Schächte getrieben wurden, um dort zu arbeiten. Sie sind klein und gelenkig und von daher besser einsetzbar als ein Mann mit rheumasteifen Gliedern. Grausame Vorstellungen. Skrupellos die Herren solcher Minen. Was mag man hier wohl aus den Felsen gehauen haben? Entweder wird es Kohle oder Eisenerz gewesen sein. Father Tynan erwähnt in seinen Aufzeichnungen des öfteren solche Minen. Kohle wird auch heute noch in der Gegend abgebaut, besonders die Arigna-Berge sind bekannt dafür. Und in früheren Zeiten war es vorwiegend das Eisenerz, weswegen man die Stollen in die Erde

◀ Auf einem alten Minenweg in der Lough Allen Region.

trieb. Die Vorkommen waren reichhaltig, sie gaben den Iron Mountains ihren Namen. Damals herrschten noch die britischen Landlords, sie beuteten Land und Leute bis auf den letzten Blutstropfen aus. Unter ihrer Regie wurden auch die ehemals dicht bewaldeten Berge dieser Gegend abgeholzt, die Eichen gaben den Brennstoff, mit dessen Hilfe sich das Eisen herausschmelzen ließ. Deshalb wächst hier oben nirgendwo ein Baum mehr, einmal kahl geschlagen waren die Bergkuppen der Erosion freigegeben. Unter den Briten gab es keine Neupflanzungen, das paßte damals nicht ins Konzept der Kolonialherren. Erst in den letzten Jahren sieht man immer häufiger neuangelegte Baumpflanzungen, leider sind es vorwiegend schnellwachsende Fichten.

Eine feuchte Kälte dringt aus den Minengängen. Ich würde gerne hineinkriechen und sehen, wie weit sie führen, möchte nachempfinden, wie es den Minenarbeitern ergangen ist. Doch es scheitert am Licht, auf solche Entdeckungen war ich nicht vorbereitet.

Verwundern tut es mich, daß diese Mine in keinster Weise abgesichert oder durch Gitter verschlossen ist, so wie ich es vor ein paar Tagen an einem anderen Ort gesehen habe. Sie liegt scheinbar so da, wie sie ehemals verlassen wurde. Nur der Zahn der Zeit hat an ihr genagt, hat die Felsen ausgewaschen und verwittern lassen, hat die Möglichkeit geschaffen, daß Farne, Moose und Flechten sich ansiedeln konnten. Alte Maschinen oder Fahrzeuge sind nicht auszumachen, sie wurden sicher an anderer Stelle gebraucht und weggeschafft. Die Mine wirkt auf mich wie eine verlassene Geisterstadt, sie hat etwas Verwunschenes, und ich bedaure es sehr, daß ich sie nicht in ihrer Tiefe erkunden kann.

Weiter geht's, nur schwer trenne ich mich von diesem Platz. Gute zwanzig Meter muß ich mit dem Bike auf der Schulter aufwärtskraxeln, um das Hochplateau des Slieve Anierin

In den Iron Mountains.

zu erreichen. Der weitere Weg verläuft auf dem Grat der
Steilwand, denn hier lauern weniger Gefahren als auf der
endlosen Ebene. Vorangegangene Ausflüge haben mir
gezeigt, daß die Ebene auf dieser Seite mit überwachsenen
Felsspalten und Sumpflöchern gespickt ist, so daß man sie
nur sehr vorsichtig überqueren kann. Auf dem Grat ist das
Vorwärtskommen jedoch einfach. Außerdem bringt er mich
zu meinem nächsten Ziel, einem befestigten Weg, der mich
sicher über die Hochebene zur anderen Seite des Massivs
führen soll.
Nach einer Stunde ist der Weg erreicht. Es ist erleichternd,
wieder »festen« Grund unter den Reifen zu haben, der
Schotter und die Schlaglöcher wirken wie eine Wohltat

Frisch von der Maschine abgelegter Torf.

nach all den harten Schlägen auf dem rauhen Fels. Links
und rechts des Weges liegen wieder unzählige Torfbänke,
die meisten der Würste sind bereits zum Trocknen aufgeschichtet. Die Hochebene begrüßt mich mit einem kalten
Nieselregen, um eine höhere Felsenklippe sammeln sich
Wolken. Wilde Ziegen schauen von dort zu mir herunter.
Ein Bock stimmt ein klägliches Gejammer an. Hält er mich
für eine Dame, die er in seine Herde locken will?
Die Hochebene scheint kein Ende zu haben. Sumpfiges
Torfland soweit das Auge reicht. Wo Binsen oder anderes
hartes Gras wachsen, haben sich hohe Inseln gebildet.
Dazwischen ist der Torf mitunter großflächig weggewa-
schen, Erosion prägt diese Landschaft. Hier und da liegen
kleine Seen, ihr Wasser ist vom Torf schwarz-braun gefärbt
und so weich, daß es zwischen den Fingern fast seifig wirkt.
Vereinzelt laufen Schafe umher, auf der Suche nach
schmackhaftem Grün.
Ein kühler Wind treibt die feuchten Wolken vor sich her.
Die Aufzeichnungen von Father Tynan besagen, daß abseits
des Weges jetzt Gefahr droht. Das Bergmassiv ist nämlich

eines der letzten Zufluchtsorte des alten, sagenhaften Volkes der Iren, der Tuatha De Danann. Als vor mehr als zweitausend Jahren die Kelten ins Land kamen, wurden die Tuatha De Danann auf die Berge rings um das Lough Allen zurückgedrängt. Dort leben sie noch heute, versteckt unter der Erde. Sie zeigen sich nicht. Nur wenn sich Nebel oder Dunst über die Berge legen, kommen ihre Reiter aus den Felsspalten und Erdhöhlen, um in rasendem Galopp über die Hochebene zu jagen. Sie wollen erfahren was in der Welt vor sich geht und greifen sich deshalb jeden, den sie in ihrem Gebiet erwischen und ziehen ihn mit sich in die Spalten und Höhlen. Gelegentlich nehmen sie auch Schafe mit in die Tiefe. Eine lebendige Erklärung für den Verlust mancher Tiere und eine einprägsame Warnung vor den Gefahren überwachsener Felsspalten. Die Bilder der Reiter der De Danann begleiten mich bei meinem Ritt über die wolkenverhangene Ebene. Was mögen sie wohl von einem Reiter auf dem Mountain Bike denken? Die Schafe blicken jedenfalls interessiert nach, wie ich in Richtung Ballinagleragh davonjage.

Die Abfahrt wird zu einem rauschenden Erlebnis. Zwölf Kilometer, auf denen ich kaum treten brauche. Die Wolken lasse ich schnell hinter mir, bald tauchen die ersten weißgekalkten Cottages wieder auf. Weit vor mir liegt das Lough Allen, an dessen Ufern ich heimradeln werde.

Father Tynans Aufzeichnungen erwähnen noch eine Fülle historischer und sagenumwobener Sehenswürdigkeiten, die am Wegesrand verborgen liegen. Natürlich kann ich es mir nicht verkneifen, einigen von ihnen nachzuspüren. So lerne ich beispielsweise einen »Mass Rock« kennen, von denen es recht viele in Irland gibt. Dieser hier ist jedoch ein besonderer, denn er liegt in idealer Weise in einem Felsenkessel versteckt, der gleichzeitig einer größeren Ansammlung von vielleicht fünfzig Menschen Schutz bieten kann.

Hier konnten also Messen und Versammlungen im Geheimen abgehalten werden, was früher notwendig war, als die Engländer im Lande herrschten und den Iren fast alles – einschließlich Glauben, Kultur und sogar Schule – verbaten. Ein Mass Rock ist ein natürlich gewachsener Felsen, der als Altar dienen konnte und als solcher genutzt wurde, im übrigen aber nicht als solcher zu erkennen war – die Kirche im Untergrund. Zweifellos fanden hier auch andere konspirative Treffen statt, der Widerstand gegen die Besatzer war immer lebendig. Als ich in diesem Kessel stehe, überkommt mich ein Gefühl der Stärke, ich empfinde tiefe Sympathie für all die Iren, die damals nicht aufgaben, sondern der Unterdrückung von Generation zu Generation, über Jahrhunderte trotzten, um letztlich eine gewisse Eigenständigkeit wiederzuerlangen. Die Gründung der heutigen Republik Irland wäre ohne diese unbeugsamen Menschen nicht möglich gewesen, ihnen und ihren Untergrundaktivitäten ist es zu verdanken, daß sie sich so vieles von ihrer Kultur und ihrem Glauben erhalten konnten. Dieser Mass Rock oberhalb Ballinagleraghś ist ein Ort, der einem Mut macht und so radle ich mit neuen Gedanken gestärkt weiter.

Eine ebenfalls bemerkenswerte Sehenswürdigkeit sind die vielen Sweat-Häuser, die es in der Lough Allen Region gibt. Nur wenige Kilometer südlich von Ballinagleragh liegt eines, das leicht zu erreichen ist und in seiner Gesamtheit bestaunt werden kann, weil es noch intakt ist und nicht völlig vom Gestrüpp überwuchert wurde. Diese Sweat-Häuser haben eine gewisse Ähnlichkeit mit einer Sauna und wurden vorwiegend aus medizinischen Gründen zur Heilung von Rückenbeschwerden, Rheuma, Migräne oder Knochenschmerzen bis in unser Jahrhundert hinein benutzt. Es sind äußerst kleine Bauten mit einem winzigen Innenraum und einem Eingang, der nur auf allen Vieren passiert werden kann. Bevor es benutzt werden sollte, wurde das Sweat-Haus mehrere Tage lang regelmäßig durch ein offenes Feuer aufgeheizt, damit die dicken Steinmauern ordentlich Hitze speichern konnten. Danach kehrte man die heiße Glut vor die Tür und streute frische Binsen auf den Boden – fertig war es für die Kur. Die kranke Person mußte sich bei

Ein Sweat House.

verschlossenem Eingang etwa für vier Stunden in dem Sweat-Haus aufhalten. Danach folgte ein kaltes Bad oder eine kalte Waschung, die Häuser wurden stets neben einem Bach oder einem geeigneten Gewässer gebaut. Der Heileffekt ist der gleiche wie bei einer Sauna: Der Körper befreit sich von vorhandenen Giftstoffen, indem er sie ausschwitzt. An der Wirkung einer Sweat-Haus-Behandlung zweifelt bis heute niemand, merkwürdig ist jedoch, daß diese Häuser der Geschichte angehören – benutzt werden sie nicht mehr. Dieses Sweat-House südlich von Ballinagleragh liegt an einem besonderen Ort, unweit davon befindet sich nämlich eine heilige Quelle, die Linderung bei Zahnschmerzen verspricht. Ein altertümliches Gesundheitszentrum also. Die Lage ist einmalig: Der Blick schweift weit über das Lough Allen, ringsum blühen Weißdorn, Ginster und tausende von Bluebells. Ein herrlicher Ort für eine ausgiebige Rast.

Nach Drumshanbo fahre ich auf dem Old Coach Road, dem Kutschenweg aus früheren Zeiten. Autos benutzen ihn heute nur, wenn es unbedingt sein muß; die Erhöhung in der Mitte der Spur ist dermaßen emporgewachsen, daß man befürchten muß, den Auspuff oder ähnliches zu verlieren. Von den Schlaglöchern ganz zu schweigen, manche haben die Größe einer Badewanne. Auf dem Mountain Bike ist dieser Weg dagegen Hochgenuß, es meistert jede Schwierigkeit souverän. Eine kleine Unterbrechung am Stony River: Die Brücke existiert nicht mehr. Doch es sind genügend große Felsbrocken zurückgeblieben, so daß man bei jedem Wasserstand mit geschultertem Bike trockenen Fußes das gegenüberliegende Ufer erreichen kann. Weiter auf dem Coach Road fällt mir auf, daß fast jedes Haus leersteht. Einst war dies ein Hauptverbindungsweg auf der Ostseite des Lough Allen. Entsprechend dicht stehen die Häuser, doch heute sind sie alle verlassen. Nur fünf Bewohnte kann ich auf einer Strecke von fast zehn Kilome-

tern ausmachen. Nach der Geistermine nun eine Geister-
straße. Die Emigration – ein weiteres Kapitel in der
Geschichte Irlands. Lange sind die Menschen hier noch
nicht weg, die Häuser sehen soweit noch intakt aus, sogar
die Fensterscheiben sind größtenteils noch heil. Schade daß
dieser herrliche Flecken seine Leute nicht ernähren
konnte. Es muß einem wirklich das Herz brechen, aus so
einer Gegend verschwinden zu müssen. Nun wächst sie
allmählich zu, die Straße. Bald wird man sie nicht mehr
erkennen können. Die Zeit heilt Wunden, so sagt man. Ich
hoffe es sehr für alle, die einst an dieser Straße lebten.
Einen Nachtrag zu meiner Reise in die Vergangenheit muß
ich noch berichten. Jene Mine oben am Slieve Anierin war
nicht ganz so unberührt, wie ich es empfunden habe, jedenfalls nicht über eine endlos lange Zeit. Nachbarn vom
gemieteten Haus erzählten, daß im vergangenen Jahr dort
oben intensive Suchaktionen stattgefunden haben. Garda
und Armee durchkämmten die Gegend und die Schächte,
weil sie vermuteten, daß sie als Waffenlager für die IRA
dienten. Doch es wurde zu einer Aktion Wasserschlag, in
punkto Waffen war das Ergebnis gleich null. Als negative
Bilanz blieben herausgerissene Büsche und Grassoden in
hoher Zahl, ein ökologischer Schaden schwersten Ausma-
ßes, denn hier oben sind die Wachstumsbedingungen
äußerst schlecht. Mir fiel es nicht auf, doch ich weiß nicht,
wie es dort vorher ausgesehen hat. Nach den Worten der
Nachbarn war das Gelände anschließend nahezu umge-
pflügt. Ich kann mir vorstellen, daß dies unter den harschen
Bedingungen nicht ohne Folgen bleiben kann. Solche
Durchsuchungen sollen überall in Irland stattgefunden
haben, und mit etwas Schadenfreude in der Stimme wird
mir berichtet, daß man nirgendwo richtig fündig geworden
ist. Keiner sagt es offen, aber ich höre eine gewisse Sympathie für den republikanischen Widerstand heraus. Man

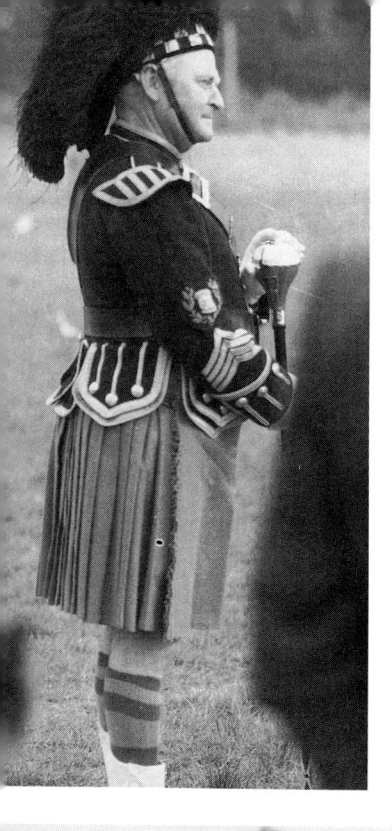

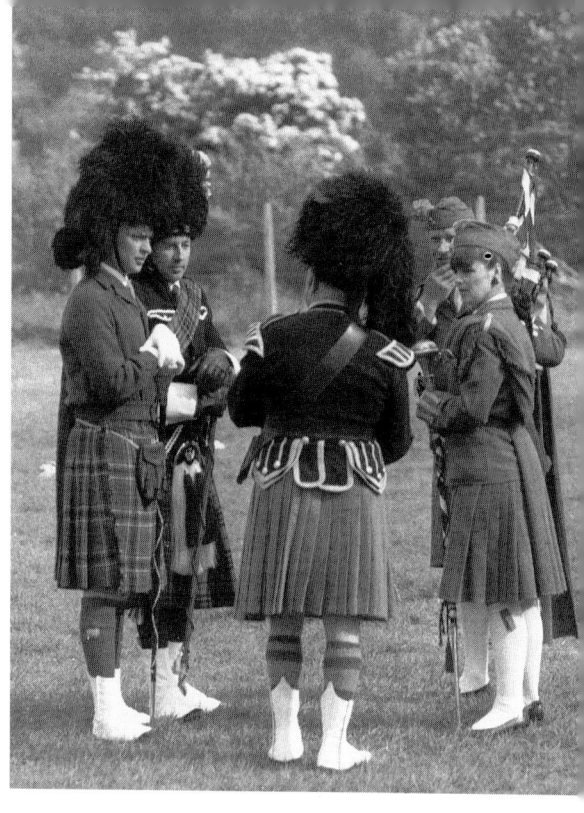

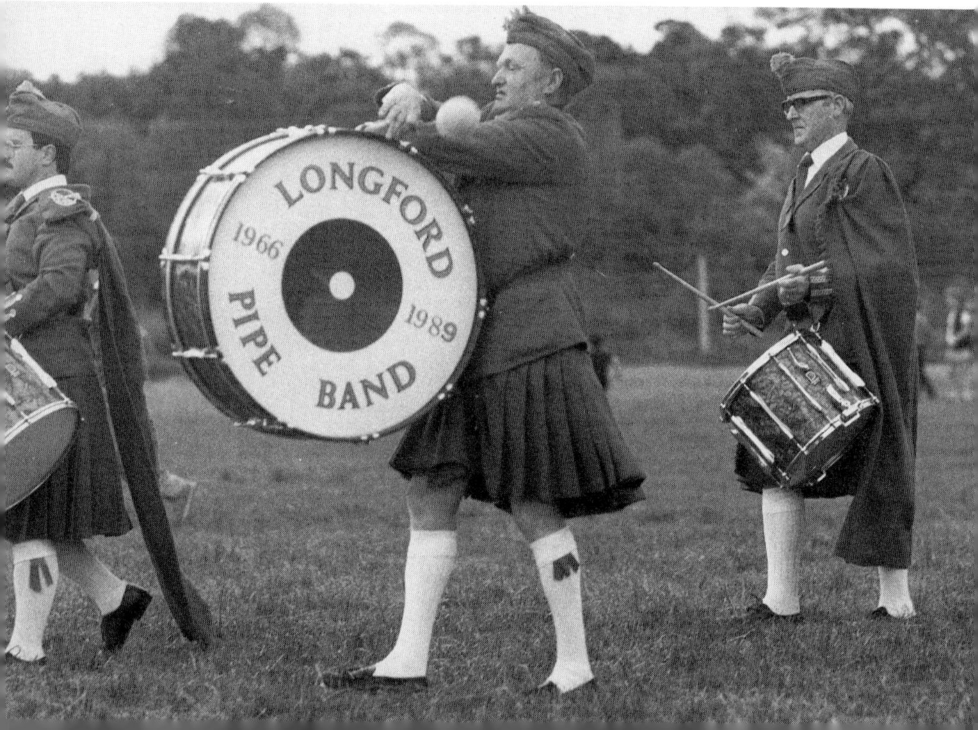
LONGFORD
1966
1989
PIPE
BAND

Eindrücke
von der 40jährigen
Jubiläumsfeier
der
Kiltubrid Pipe Band.

erzählt mir sogar Anekdoten über die erfolglose Sucherei. Zum Beispiel diese: Durch alle Nachrichten und durch die Presse geht die Schlagzeile, daß man endlich eine große Waffenkammer der IRA gefunden hat. Von ihrer Kapazität her sei sie dazu bestimmt eine ganze Schiffsladung voller Waffen plus Munition aufzunehmen. Die Kammer sei neu gebaut und läge perfekt getarnt unter einem Kuhstall. Für mehrere Tage bleibt diese Meldung Hauptschlagzeile. Der Farmer wurde sofort verhaftet und verhört. Keiner will seinen Unschulds-Beteuerungen Glauben schenken. Erst nach über einer Woche gibt die amtliche Seite kleinlaut zu, daß sie einen Irrtum begangen hat, sie ist ihrem eigenen Wunschdenken auf den Leim gegangen. Der Farmer hatte nämlich recht mit seiner Behauptung, daß es sich bei dieser Kammer um eine neu gebaute Güllegrube handelte. Schließlich lag sogar eine offizielle Baugenehmigung vor, sie wurde im Eifer des Gefechtes übersehen. Statt einer Waffenkammer fand man also eine Fäkaliengrube. Eine peinliche Geschichte und wahr zugleich. Die Schildbürger made in Ireland, hier gibt es sie noch.

Kilronan Castle – ein Schloß ohne Herren

Überall auf meinen Touren in der Lough Allen Region werde ich an die Vergangenheit erinnert, sie scheint mir in dieser Gegend lebendiger zu sein als in anderen Teilen Irlands. Ihre Spuren sind noch nicht verwischt, ja, manche Menschen leben sogar noch wie vor fünfzig oder mehr Jahren. So der alte Tierney, den ich bei meinen Streifzügen in den Bergen treffe. Sein Cottage liegt weitab von jedem Weg, in der dunklen Küche ist der alte Feuerplatz im übergroßen Kamin weiterhin in Betrieb. Wie in einer Hexenküche hängt der rußgeschwärzte Kessel über den Flammen, die Rauchschwaden in der Luft. Ich finde es gemütlich, doch der alte Tierney stöhnt: »Jetzt ist Sommer, da mag es gehen. Wenn im Winter jedoch der Wind über den Bergrücken fegt, da bleibt es trotz Feuer in der Küche kalt.« Er zeigt auf seine Außentür. Ihre Bretter sind von unten weggefault und erwecken den Eindruck von einem kaputten Gebiß. Ich sehe ihn vor mir, wie er im dicken Filzmantel dicht bei den Flammen sitzt. Vielleicht liegt ein Sack an der Tür, der den kalten Wind abhalten soll.

Oder die Leute in den Arigna-Bergen. Sie arbeiten in den Kohlenminen, meist sind es kleine Familienbetriebe. Bei meinem ersten Ausflug dorthin wunderte ich mich über die vielen schwarzen Gesichter der Leute, und daß vor jedem Haus ein kleiner Haufen schwarzen Kohlengesteins lag, eine wilde Mixtur von Brocken jeglicher Größe bis hin zum Kohlenstaub. Das »schwarze Gold« – reich scheint es die Leute hier nicht gemacht zu haben. Die Minen sind nicht besonders ergiebig, die Produktionsweise wirkt mittelalterlich. Der Blick in den Hof einer größeren Mine: Schrott über

Schrott, verrostete Wellblechhütten, an der Wand ein verwittertes Jesus-Bildnis.

Moderne Maschinen oder Einrichtungen kann ich nirgendwo erspähen. Vielleicht liegt es an der Farbe des Kohlenstaubes, der alles überzieht und alt erscheinen läßt. Mein Abstecher zu einem dieser kleineren Mineneingänge bestätigt jedoch, daß den Kohlenadern hier mit äußerst primitiven Mitteln zu Leibe gerückt wird. Nur die zentrale Sammelstelle sei gut ausgerüstet und eine größere Mine noch, so erzählt mir ein unglaublich schwarz verschmierter Mann. »Wir arbeiten hier mit den gleichen Werkzeugen wie schon unsere Väter«, erklärt er stolz. Ich glaube es ihm.

Ein lustiges Bild erlebe ich eines abends in einem Pub mit einer ebenfalls schwarz verschmierten Gestalt. Es ist der Kohlenmann, der gerade von der Auslieferung kommt. Offensichtlich war es heute ein gutes Geschäft. Jedenfalls hat er Feierabend, schon gut einen getrunken und war noch nicht zu Hause, um sich umzuziehen oder zu waschen. Der Pub ist voll, die Leute drängen sich am Tresen, sie haben sich bereits für das Wochenende fein gemacht. Schulter an Schulter stehen sie, nur zum Kohlenmann halten sie einen deutlichen Abstand. Sie palavern mit ihm und lachen, doch berühren will ihn verständlicherweise niemand. Nun beginnt der Kohlenmann zu schwanken – und mit ihm schwankt plötzlich der ganze Pub. Wie Wellen pflanzen sich seine Bewegungen fort. Ich stehe außerhalb und genieße dieses Schauspiel. Ein wogender Pub, jeder ist peinlich auf den nötigen Sicherheitsabstand zum schwarzen Mann bedacht. Die Ruhe in der Bewegung kehrt erst wieder ein, als er sich einen Gang durch die Leute bahnt und zur Tür hinaustorkelt.

Doch zurück zu den Arigna Bergen. Sie sind ein Paradies zum Mountain-Biken, denn überall findet man wegen der Minen Kieswege oder alte Trassen, die irgendwo in die

Berge führen. Manche sind sehr steil und damit eine echte Herausforderung auch für geübte Fahrer. Mehrere Tage bin ich dort mit viel Spaß herumgedüst. Etwas kraß war vielleicht mitunter der Gegensatz zwischen meinem High-Tech Mountain Bike und den vorsintflutlichen Bergwerksgerätschaften. So wurde ich hin und wieder mit neugierigen Blicken bedacht. Doch die erlebt man immer wieder, egal wo und in welchem Land man mit dem Mountain Bike umherfährt. Schließlich ist es ja ein außergewöhnliches Gefährt mit einer erstaunlichen Geländegängigkeit und unvorstellbaren Klettereigenschaften. Kritisch habe ich darauf geachtet, ob ich Neid aus den Gesichtern lesen konnte, doch bei meiner gesamten Irlandtour konnte ich dies nicht feststellen. Neid ist nicht die Sache der Iren, so scheint es mir, sie gönnen einem gerne etwas Gutes.

Zu einer Lieblingstour ist mir jene Runde um den Kilronan Mountain geworden, sie vereint so viele verschiedene Eindrücke in weniger als fünfzig Kilometern. Zunächst das Tal

»Kunst am Cottage« in den Arigna Bergen.

des Arigna Rivers: Der Fluß schlängelt sich durch eine wilde Landschaft. Da gerade Mitte Mai ist, blühen Weißdorn und Ginster in voller Pracht. Weiß und Knallgelb sind deshalb die vorherrschenden Farben, es scheint nur diese Büsche zu geben. Zu den intensiven Farben kommt der Geruch. Trunken vom Blütenduft fahre ich dahin. Allmählich steigt die kleine Straße an, vorbei geht es an den Häusern der Minenarbeiter. Die genannten Kieswege bieten Gelegenheiten für abenteuerliche Abstecher, auch tolle Rastplätze lassen sich hier oben finden. Für die nötige Erfrischung sorgt ein kleiner Wasserfall, der groß genug ist, um stets Wasser zu führen. In der Ferne liegt ein riesiger Wald, dahinter die Berge vom Lough Gill. Blicke ich zurück, so sehe ich dort das Lough Allen, weiter zurück liegen die mächtigen Iron Mountains. Unter mir das Arigna Tal und gegenüber die Corry Mountains. Ich fühle mich »on top of the world«. Aus weiter Ferne dringen die Stimmen der spielenden Kinder zu mir herüber, die muhende Kuh muß noch viel weiter weg sein. Um mich herum nur das Gezwitscher der Vögel. Die Kletterei ist vorbei, ich fahre auf gleichem Niveau vor mich hin. Dann muß ich den Bergrücken überqueren. Erneut eine torfige Hochebene, auch hier wurde viel gestochen und zum Trocknen aufgestellt. Der Kilronan Mountain ist ein echter Brennstoffberg: Durchzogen von Kohlenadern und bedeckt mit Torf. Die Abfahrt gibt Blicke über die großen Seen im County Roscommon und Sligo frei, doch ich muß mich auf den Weg konzentrieren; er ist steil und erlaubt einige rasante Tempoeinlagen.

Von Ballyfarnan aus ist es nicht mehr weit zum idyllischen Lough Meelagh mit seinem einzigartigen Mischwald. Unter den Bäumen hat sich ein blauer Teppich ausgebreitet: Die Bluebells stehen dicht bei dicht. Weiter hinten zwischen Wald und See liegt das alte Kilronan Castle, ein Platz, den ich besonders liebe. Das Schloß gehörte einst dem engli-

70

schen Adel, der Schloßherr war Verwalter der Minen in den Arigna Bergen und sicher auch der Ländereien im größeren Umkreis des Schlosses. Hier liefen also die Fäden der langjährigen Ausbeutung und Knechtschaft der Leute dieser Gegend zusammen. Als die Briten Anfang der zwanziger Jahre aus dem Landesteil vertrieben wurden, brannte man das Schloß nicht nieder – wie es sonst vielerorts in Irland geschah – man ließ es einfach stehen. Übriggeblieben ist eine Ruine, die mit ihren Innereien still und mahnend vor sich hinmodert. Das Dach ist schon lange eingestürzt, ebenso die Treppen und manche Zwischenböden. Unerreichbar kleben die prunkvollen Feuerstellen irgendwo in der Wand. Wie viele das sind! Es muß ein enormer Aufwand gewesen sein, solch ein Schloß vollständig zu heizen. Erstaunlicherweise sieht man die Überreste einer altmodischen Zentralheizung an den Wänden hängen. Es muß eine der ersten Anlagen dieser Art gewesen sein, die es in Irland überhaupt gegeben hat. Offensichtlich haben die Minen für den Schloßherren so viel abgeworfen, daß er sich diesen Luxus leisten konnte. Sicherlich hielt er es für standesgemäß, als Verwalter dieses Kohlengebietes eine der modernsten Heizungsanlagen zu besitzen. Man bedenke, daß erst fünfzig Jahre später die Zentralheizung allmählich Einzug in irische Häuser fand! Oder die Parkanlagen rings um das Schloß. Mit welchem Aufwand sind sie einst angelegt worden! Noch immer stehen die exotischen Baumriesen auf der Wiese; manche Buschgruppe zeugt von dem gärtnerischen Geschick, obwohl sie inzwischen verwildert sind. Dann der »Lieferanteneingang« zum Schloß: Hinter Büschen und einer Erhebung versteckt, führt er unsichtbar in das unterirdische Wirtschaftsgeschoß des Gebäudes. So ließ man das Gesinde elegant »verschwinden«. Sogar Kutschen konnten diesen Weg benutzen, sie wurden hier unten entladen und in garagenähnlichen Nischen untergestellt und gewartet.

Das Kilronan Castle von innen.

Kilronan Castle.

Etwas abseits des Schloßparks, ebenfalls versteckt, der mit Mauern umgebene Gemüsegarten, daneben die Pferdeställe. Von Arbeit, oder allem was damit zu tun hat, wollten die hohen Herrschaften nichts sehen. Arbeit galt als unfein. Wer Macht hat arbeitet nicht, er läßt arbeiten. Wie praktisch, diesen peinlichen Sachverhalt nicht ständig vor Augen haben zu müssen. Weiter unten am See eine Bootsanlegestelle, die Idylle aus dem Kitschfilm. Die Herren von Kilronan Castle haben sich keinen schlechten Platz für ihren durchdachten Wohnsitz ausgesucht. Das Lough Meelagh ist weit über seine Grenzen hinaus für seine außerordentliche Schönheit bekannt. Ich hätte dort auch gerne einmal für einen Tag wohnen wollen, als das Anwesen noch intakt war.

Heute gehört das Schloß und der Park den Kühen. Ob sie wohl wahrnehmen, in welcher Idylle sie hier weiden oder welch geschichtsträchtigen Boden sie mit ihren schweren Hufen pflügen? Ich glaube kaum, denn sie gehen mit allem ziemlich respektlos um. Büsche sind angefressen, die Grasnarbe ist zermalmt. Das Innere des Schlosses ist für die gewichtigen Tiere zu gefährlich geworden, also hat ihr Bauer einfach die Türen so gut es geht verrammelt. Einen Raum scheint er zum Scheren der Schafe zu benutzen, die Utensilien deuten darauf hin. Ansonsten läßt er es verfallen. An der Erhaltung scheint niemand interessiert. Diesen Umgang mit historischen Denkmälern findet man des öfteren in Irland, ich bin jedesmal aufs neue darüber verwundert. Wie mag dieser Ort wohl in weiteren fünfzig Jahren aussehen? Entweder kauft ihn ein finanzkräftiger Unternehmer und baut ihn zu einem Hotel für ebenso finanzkräftige Urlauber aus, oder der Zahn der Zeit nagt mit Hilfe der Kühe weiter. Ich kann mich kaum von diesem Platz trennen, mein Kopf ist voll wirrer Gedanken.

»Schöner wohnen« vor viereinhalbtausend Jahren

Mein nächster bemerkenswerter Ausflug führt mich durch das County Roscommon bis hinein ins County Sligo. Ich will in die Bricklieve Mountains: Zu jenen Behausungen aus der Bronzezeit, von denen manche sagen, daß es alte Grabkammern sind, während andere sie für einen spirituellen Ort ähnlich einem meditativen Kloster halten. Die Schilderungen haben mich neugierig gemacht.

Da ich immer noch in dem gemieteten Haus am Slieve Anierin wohne, wird die Strecke zu einem langen Trip, rund sechzig Kilometer eine Tour. Ohne Gepäck dürfte das jedoch keineswegs zu einem Problem werden, zumal es vorwiegend durch flache Landschaften geht. Außerdem macht die Wetterlage Mut für solch weite Unternehmungen, die letzten zwei Wochen waren ausgesprochen sonnig und trocken. Nach der Vorhersage soll dieser Zustand noch eine längere Zeitspanne anhalten.

Die kleine Straße durchs County Roscommon ist wieder einmal eine Kuriosität für sich. Sie führt durch sumpfige und torfige Wiesen. Offensichtlich ist es unmöglich, ein festes Bett für diese Straße anzulegen. Jedes schwere Fahrzeug scheint dem Straßenbelag eine neue Form zu verleihen – jedenfalls habe ich noch nie eine dermaßen unebene, in sich verwundene Straße gesehen. Die erhöhten Stellen zeigen eindeutig Kratzspuren von Autos, die dort aufgesetzt haben. Nicht etwa, daß es übermäßig viele Schlaglöcher gibt, die gab es eher in früheren Zeiten. Die unendliche Anzahl von Teerflicken verschiedenster Machart erzählt davon ein Lied. Eine Straße im Patchwork-Look, mit sanften Beulen und Untiefen. An ihr wird immer wieder fleißig repariert. Dennoch: Für Autos ist sie kaum geeignet, Tempo Hundert braucht hier gewiß nie zur Diskussion zu stehen. Ideal also zum Radeln.

Interessant wird das Örtchen Cootehall. Hier hat man sich an die alte Tradition der Trockensteinmauern erinnert und sie in großem Rahmen neu angelegt. Kleine Kunstwerke sind dies. Die Natursteine werden so übereinandergelegt, daß sie ohne Mörtel zu einer festen Wand werden. Nur die Mauerkrone erhält zur Sicherung einen Mörtelabschluß. Die Kunstfertigkeit dieses Handwerks ist weitgehend in Vergessenheit geraten. Um sie erneut zu beleben, wurde ein Projekt in Cootehall gestartet. Mit Hilfe des Arbeitsamtes, wie ein Schild stolz erklärt. Ich halte es für keine schlechte Idee, denn diese Mauern sehen nicht nur hübsch aus, sondern sie sind auch die preiswerteste Art, eine stabile Einzäunung zu schaffen. Die Steine gibt es gratis, sie liegen überall herum.

Bevor ich die kleine Stadt Boyle erreiche, will ich einen ausgiebigen Abstecher in den Lough Key Forest Park unternehmen. Es reizt mich, wieder einmal Waldwege unter die Reifen zu bekommen. Kleines Hindernis am Eingang: An einem Pförtnerhäuschen wird tatsächlich Eintrittsgeld verlangt. Soll ich durchstarten und den Mann in einer Staubwolke stehen lassen oder willig das verlangte Pound entrichten? Irgendwie widerstrebt mir der Gedanke, Geld für das Betreten eines Waldes bezahlen zu müssen. Oder ist er neuerdings schon zum Museum erklärt worden? Habe ich vielleicht eine wichtige Nachricht in den letzten Wochen verpaßt? Ich bezahle. Gleichzeitig werden damit Erwartungen geweckt, etwas Außergewöhnliches geboten zu bekommen.

Nach einer guten Stunde verlasse ich den Wald wieder. Der Besuch wurde leider zur Enttäuschung. Die Suche nach dem Außergewöhnlichen verlief ergebnislos. Es ist zweifellos ein schöner Mischwald und es hat großen Spaß gemacht, ihn auf dem Bike zu erkunden. Doch das Besondere konnte ich nicht finden, das durch die Erhebung des Eintrittsgeldes wachgekitzelt wurde. Okay, es gibt große Parkplätze unten am Lough Key mit Tischen und Bänken, so richtig für das zivile Picknick. Doch darauf war ich nicht scharf. Der Bike-Ritt auf den Waldwegen hat mich gereizt – ohne Eintrittsgeld hätte er weitaus mehr Freude bereitet.

Die Stadt Boyle lasse ich nach einer kurzen Pause hinter mir. In steilen Serpentinen geht es nun die ginsterbewachsenen Hänge der Curlew Mountains hinauf. Curlew ist der englische Name des Brachvogels. Tatsächlich liebt diese Vogelart mit ihrem langen Schnabel und dem unverkennbaren Lockruf die einsamen Bergwelten im Nordwesten Irlands so sehr, daß sie zu ihren favorisierten Brutplätzen gehören. Beim Überqueren der Curlew Mountains kann ich ihren Ruf nicht vernehmen, in den Iron Mountains dagegen konnte ich ihn fast täglich hören. Dafür bieten die Curlew Mountains nun eine besondere Überraschung: Sie geben herrliche Blicke über das Lough Arrow frei. Ebenso in das Tal von Ballinafad, das einen richtig gepflegten Eindruck macht, vergleichbar mit kontinentalen Mittelgebirgslandschaften. Nach all der vorigen Wildheit ist dies jetzt ein völlig neues Bild.

Die nächste Berggruppe sind jene Bricklieve Mountains, die das Ziel meiner heutigen Tour darstellen. Der Ort mit den Behausungen aus der Bronzezeit nennt sich Carrowkeel und liegt auf einer der vielen Bergkuppen. Von der gegenüberliegenden Seite der Berge führt ein Weg dorthin, der immerhin mit ein paar Schildern gekennzeichnet ist. Ein großartiges Mountain Bike-Gelände habe ich da vor mir! Die breiteren Wege erlauben ein schnelles Fahren, während die Trampelpfade die verrücktesten Fahrtechniken bei niedrig gestelltem Sattel nötig machen. In dem unebenen

Bauwerke aus der Bronzezeit.

Gelände muß das Körpergewicht dauernd verlagert werden, und zwar oft so extrem, daß das Gesäß weit hinter dem
Sattel irgendwo in der Luft hängt. Logisch, daß diese Art zu
fahren an den Kräften zehrt, doch mehr noch macht mir
teilweise die Rüttelei zu schaffen, wenn die Oberfläche zu
rauh oder zu felsig wird. Ich denke, daß ich bald mein Ziel
erreicht habe und bin zu faul, den Luftdruck der Reifen
weiter zu verringern.

78

Die Behausungen von Carrowkeel sehen von weitem wie
große Haufen zusammengeworfener Steine aus. Auch von
nahem ändert sich an diesem Eindruck nichts. Eine
bestimmte Konstruktion oder Struktur ist von außen nicht
zu erkennen. Nur der Eingang läßt es zur Behausung werden. Ein merkwürdiger Ort.
Vier solcher Steinhaufen stehen hier dicht beieinander,
jeweils einen Steinwurf voneinander entfernt. Auf der
benachbarten Bergkuppe kann ich ebenfalls solche kegeligen Hügel erspähen, sie sollen in den Bricklieve Mountains
überall anzutreffen sein. Das Merkwürdigste: Die Eingänge
scheinen alle in die gleiche Richtung zu weisen, Norden
müßte es nach meinem Empfinden sein.
Ich setze mich vor eine Tür und lasse den Blick schweifen.
Unglaublich, welch breites Panorama vor mir liegt. Ganz
links das müssen die Ox Mountains sein, vielleicht sind
dahinter ein paar Berge im County Mayo zu erkennen.
Weiter nach rechts liegt unverkennbar der Knocknarea mit
seinem markanten Hügel auf der Spitze, dem Grab der
sagenumworbenen Königin Maeve. Dann der berühmte
Ben Bulben, der mächtige Tafelberg nördlich von Sligo. Ihm
schließt sich die Kette der Dartry Mountains an. Ganz in der
Ferne die Berge Donegals. Welch ein Glück, daß heute so
eine gute Sicht ist. Vor den Dartry Mountains liegt eine
Reihe von Bergen, die aussehen, als ob Schneewittchen mit
ihren sieben Zwergen dort wohnt: die Berge vom Lough
Gill. Den Blick weiter nach rechts gewandt, erkenne ich die
schon bekannten Berge rings ums Lough Allen. Der Norden
und ein bißchen vom Westen liegen mir zu Füßen, ein
einzigartiger Platz. Ich verfalle ins Träumen und bemerke
gar nicht, wie die Zeit vergeht.
Ich kann mir recht gut vorstellen, daß diese Behausungen
benutzt wurden, um spirituelle Erlebnisse zu erfahren. Früher habe ich schon einmal von einer Insel im Atlantik

gehört, auf die sich Mönche für einige Zeit zurückzogen, um sich zu läutern. Sie hausten dort allein – in ähnlichen Steinhöhlen wie hier oben in Carrowkeel. Sie bebauten einen kleinen Garten mit Porree, Zwiebeln und Kohl und hielten eine Ziege für die Milch. Den größten Teil des Tages verbrachten sie mit Meditation, Gebeten und gelegentlichen Kasteiungen. Wenn sie sich gereinigt fühlten, kehrten sie an ihre alte Wirkstätte zurück. In ähnlicher Weise könnte Carrowkeel genutzt worden sein. Ein Garten war hier oben zwar sicher nicht machbar, es ist aber zweifellos eine Stätte, die hervorragend zur Meditation geeignet ist. Mir gefällt dieser Gedanke, denn ich habe den Ort liebgewonnen.

Der Rückweg dauert länger als geplant, inzwischen ist ein kräftiger Gegenwind aufgekommen. Ich entschließe mich deshalb für den kürzesten Weg, er führt zwischen den Seen Lough Key und Lough Arrow entlang. Zuvor habe ich einige Schwärmereien über diese Strecke gehört. Sie hat tatsächlich ihren Reiz, denn sie führt an alten »Estates«, an hochherrschaftlichen Besitzen mit parkähnlichen Anlagen vorbei. Den bitteren Beigeschmack solcher feudalen Besitztümer kann ich allerdings nicht übersehen, die kleinen Cottages der Farmer sehen dagegen um so ärmlicher aus. Ich kämpfe gegen den Wind, um bald nach Hause zu kommen.

Eine Rast am Slieve Anierin.

Noch lebt das traditionelle Handwerk.

Herbst in Mayo: Fuchsien über Fuchsien.

Frühling in Leitrim: Weißdorn und Ginster.

In den
Bricklieve Mountains.

Rushhour
im County Leitrim.

Die Heuernte
ist gesichert.

Die Ausläufer
der Klippen vom
Slieve League.

Bei Sean und Mary.

Ein Tanzwettbewerb
beim Festival
in Keadew.

Richtung Norden: Am Lough Gill platzt die Natur aus allen Nähten

Der Abschied aus der Lough Allen Region fällt mir schwer. Es waren sechs spannende, abwechslungsreiche Wochen, die ich hier verbracht habe, und die Gegend als auch ihre Menschen sind mir in dieser Zeit eng ans Herz gewachsen. Die Leute sind herzlich und begegnen einem in einer persönlichen Art. Ich hatte nie das Gefühl, anonym abgefertigt zu werden, so wie es in vom Fremdenverkehr überlaufenen Plätzen der Fall ist. Eigentlich ist es unvorstellbar, daß es so etwas in Europa noch gibt: Bei all den vielen Ausflügen in die Berge traf ich gelegentlich mal einen Schäfer, doch sonst begegnete ich keinem Menschen. Dabei ist die Gegend hervorragend für Bergwanderungen oder eben für Mountain Bike-Touren geeignet.

Angenehm war es auch, in diesen sechs Wochen keinerlei Industrieanlagen oder sonstige supermoderne Bauten zu sehen, die immer so gerne als Zeichen des Fortschritts vorgezeigt werden. Doch halt, einen großen Schornstein gibt es in der Region, er gehört zu einem Elektrizitätswerk, das einen Teil der Kohle aus den Arigna Bergen verheizt. Ich habe es oft aus luftiger Höhe gesehen, auch die lange Rauchfahne. Doch es fiel mir nie unangenehm auf, denn es war wirklich die einzige Industrieanlage weit und breit. Merkwürdig aber die Postkarte: Sie zeigt eine Luftaufnahme der Power Station und ist in den Geschäften als eine der wenigen Postkarten dieser Gegend zu haben. Komisch, worauf man alles stolz sein kann. Manche Dinge verkennt man hier offensichtlich.

So habe ich nun beim Abschied doch noch ein Haar in der Suppe gefunden. Egal, ich muß weiter, denn ich habe mir vorgenommen, noch andere Gegenden Irlands mit dem Bike intensiv kennenzulernen. Vor mir liegen also wieder eine oder mehrere Etappen mit dem voll beladenen Rad, ich muß meine Habseligkeiten bis zum nächsten Stützpunkt mitschleppen. Wo dieser liegen wird, das wissen allein die Götter, über die einzuschlagende Richtung soll erneut der Wind entscheiden. Noch befinde ich mich in einer günstigen Ausgangslage, denn mich interessiert das gesamte Spektrum vom Norden über den Westen bis zum Südwesten, von Donegal also über das County Mayo bis nach Galway. Der Wind weht aus östlichen Richtungen, ein gutes Omen für den Start. Verrückt übrigens, daß diese Ostwinde immer da sind, wenn ich sie brauche, wo doch Irland für seine häufigen Westwinde bekannt ist. Nun, mir sollen diese Abweichungen recht sein.

Ich fühle mich topfit und kräftig heute, also wird die erste Packeseletappe noch einmal durch besonders aufregende Landschaften in der Lough Allen Region führen, auch wenn diese Strecke besonders anstrengend ist. Zunächst gilt es die Kette der Iron Mountains zu überqueren, der Anstieg ist teilweise recht steil und zieht sich über zehn Kilometer hin. Den Weg habe ich in den letzten Wochen des öfteren mühelos gemeistert. Ganz anders nun mit Gepäck. Der extreme Gang – 28 Zähne auf dem vorderen und 30 Zähne auf dem hinteren Zahnkranz – muß jetzt vermehrt herhalten, um die Schwerkraft zu überwinden. Entsprechend langsam ist das Vorankommen. Als der Weg einmal flacher wird und anschließend wieder ansteigt, begehe ich einen Fehler. Ich trete beim Schaltvorgang zu kräftig und schalte die Kette in die ungünstige Diagonalposition.

Vorne befindet sie sich auf dem rechten, hinten auf dem linken Zahnkranz. Normalerweise versuche ich diese Stellung zu vermeiden, denn die seitliche Auslenkung der Kette sollte bekannterweise nicht überstrapaziert werden. Dies-

mal habe ich jedoch nicht darauf geachtet, mit meinen Gedanken war ich bei den Schafen, die mich so verdutzt ansahen. Das Resultat: Ein steifes Kettenglied. Durch seitliches Biegen läßt es sich zum Glück wieder flott machen. Mal sehen, wie lange diese Hilfsmaßnahme vorhält. Die nächste harte Nuß ist das Bergmassiv nördlich vom Lough Allen. Ich will es überqueren, um dabei noch einmal jene elf Wasserfälle zu besuchen, die einer der spektakulärsten Naturschauspiele dieser Gegend sind. Trotz der langen Trockenheit, die in den letzten Wochen herrschte, stürzen sich hier immer noch gewaltige Wassermassen unter ohrenbetäubendem Getöse in elf verschiedenen Stufen den Berg hinab. Andere Flüsse und Bäche sind wegen der geringen Niederschläge in den letzten Wochen schon lange ausgetrocknet. Erstaunlich, daß diese Wasserfälle nicht näher erschlossen sind. Sie liegen völlig versteckt in einer wilden Landschaft, überwuchert von Bäumen und Gestrüpp. Father Tynans Aufzeichnungen haben auf sie hingewiesen. Entdeckt habe ich sie mehr per Zufall, dem dröhnenden Geräusch nachgehend. Ein eindrucksvoller Platz, der offensichtlich selten besucht wird. Heute habe ich den Fotoapparat dabei, doch es gelingt mir nicht, die Mächtigkeit dieser Wasserfälle ins Bild zu bekommen. Ich kann nur Ausschnitte erwischen, die Bäume und Büsche wollen den Blick auf größere Passagen nicht freigeben.
Der Weg führt weiter über eine endlose Hochebene: Torflandschaften soweit das Auge reicht. Hier oben wohnt niemand, es wächst kein Baum und auch kein Strauch. Es ist das Land der berühmten Mountain Sheep, mit ihren schwarzen Gesichtern und der langen, groben Wolle erinnern sie an unsere deutschen Heidschnucken. Ein ordentlicher Wind pfeift über das Plateau, ich fühle mich an eine Steppe erinnert.
Bei der Abfahrt geht es dann durch einen großen Wald.

Auch wenn er nur aus Fichten besteht, so stellt er doch einen angenehmen Kontrast zur kargen Hochebene dar. Mitunter ist der Weg sehr steil, das beladene Rad läßt sich auf dem Schotterweg weitaus schwieriger abbremsen und halten. Dennoch gelingt es mir, ohne abzusteigen das Belhavel Lough zu erreichen, wo ich einen gemütlichen Platz für eine ausgiebige Mittagspause finde.

Der Rest der heutigen Etappe verläuft durch eher flaches Land, wobei gesagt werden muß, daß es richtig flache Strecken im Nordwesten Irlands nicht mehr gibt. Es geht eigentlich ständig auf und ab und zwar in so kurzen Hügeln, daß die Abfahrt kaum zur Erholung von der Anstrengung des gerade bewältigten Anstieges ausreicht. Diese »flachen« Strecken stehen also im Gegensatz zu den echten Bergstrecken, sie sind aber nicht minder schlauchend. Da heißt es, die Gänge hoch und runter schalten. Nach einer Weile wird man dankbar für die Variationsbreite, die das Mountain Bike bietet.

Leider setzt irgendwann der Defekt mit dem steifen Kettenglied wieder ein, das Gelenk ist also ernsthaft verbogen. Ich lockere es noch einmal durch seitliches Biegen. Spätestens am Abend werde ich die beiden betroffenen Glieder herausnehmen, denn ich weiß, daß mich dieser Defekt sonst endlos verfolgen wird. Die verkürzte Kette müßte noch lang genug sein, um sämtliche Schaltstufen durchlaufen zu können. Schafft sie es nicht mehr, so muß die mitgeführte Ersatzkette ran. Zum Glück bin ich auf einen Austausch eingestellt. Ein Jammer, daß die Ketten an Mountain Bikes allgemein so schnell verschleißen, die Breite des Schaltspektrums, die häufige Verschmutzung, sowie die ständige Auf- und Abbewegung durch die ovalen Kettenblätter sind ein harter Prüfstand. Dies ist jedoch der erste Defekt auf meiner gesamten Tour und bisher habe ich ja schon einige Kilometer zurückgelegt, viele davon unter extremen Off-

Road-Bedingungen. Eigentlich ein erstaunliches Ergebnis. Nicht mal einen Platten hab ich bisher gehabt. Gerade gestern vor dem Start zu neuen Ufern habe ich das Bike gründlich inspiziert und war erstaunt, wie gut noch alles in Schuß ist. Das Lob gehört der englischen Firma Raleigh, die dieses Rad werksmäßig mit so guten Komponenten ausgestattet hat, obwohl es nur ein Bike der mittleren Preisklasse ist. Nicht einmal die Reifen zeigten eindeutige Schäden, dabei ging es oft über Stock und Stein. Trotz des Kettendefekts bin ich also vollauf zufrieden mit dem Bike, und dieser ging zu einem guten Teil auf mein Konto.

Doch zurück zur heutigen Etappe. Ich bewege mich in Richtung Westen durch das bucklige »Flach«-land. In der Ferne tauchen ein paar mager bewachsene Bergkegel auf. Das müssen jene Erhebungen rings um das Lough Gill sein, die ich bereits von den Arigna Bergen und den Bricklieve Mountains aus erspähen konnte. Von weitem erinnerten sie mich stets an das Märchen von Schneewittchen, die mit ihren sieben Zwergen eben hinter jenen sieben Bergen wohnt. Als ich jetzt an ihrem Fuße stehe, werde ich diese Assoziation nicht los. Ihre Gestalt wirkt so unwirklich, eben wie aus einem Märchenbuch. Unterstützt wird dieser Eindruck durch einen dichten Waldsaum, der sich wie ein Kragen exakt um die Füße der Berge legt. Die kegeligen Kuppen schauen unbedeckt aus diesem Kragen, in der Nachmittagssonne erhalten die Hänge eine ockergelbe Farbe, die mit dem Grau der Felsen durchsetzt ist. Hier muß ich mindestens einen Tag verweilen, denn diese Berge kann ich nicht einfach links liegen lassen.

Ohne Probleme finde ich eine nette Bed and Breakfast-Unterkunft. Wie gehabt bin ich der einzige Gast, obwohl es jetzt schon Juli und damit eigentlich Hauptsaison ist. »Es gibt so viele Gästehäuser«, sagt die Wirtin,»und die Leute bleiben nicht lange in der Gegend. Sie eilen alle nur zu ein paar Aussichtspunkten am Lough Gill und verschwinden wieder. Nicht daß es ihnen nicht gefällt, sie sind im Gegenteil begeistert, und der See ist tatsächlich unbeschreiblich schön. Doch so ist es halt, für die meisten Menschen üben nur die bekannten Gegenden einen wirklichen Reiz aus.« Dabei ist das Lough Gill keineswegs unbekannt. Es liegt nahe der Stadt Sligo und ist Teil von Yeats Country, jenem Landstrich, der den berühmten Dichter W. B. Yeats zu großartigen Werken inspiriert hat. Doch mir soll es recht sein, daß dieser Platz nicht gerade überlaufen ist, so behält er seinen verwunschenen, märchenhaften Charakter.

Am nächsten Tag geht es also ohne Gepäck und mit gekürzter Kette in die Berge. Ein Blick auf die Karte hat mir zuvor schon gesagt, daß ich in gewisser Weise einer optischen Täuschung auf den Leim gegangen bin. Die eigentlichen sieben Berge liegen nördlich vom Lough Gill, während ich mich in einer kleineren Ausgabe südlich vom See befinde. Doch auch diese Seite scheint mir interessant genug, um sie näher zu erkunden, ja, ich bin sogar ganz wild darauf.

Mein erstes Ziel: Jener Berg, der in der Karte als Slish Wood eingezeichnet ist. Der waldige Kragen reicht bis an das Ufer des Gill und bedeckt etwa die Hälfte der Höhe des Berges. Ein Wald ist das, ich bin ganz hingerissen! Alt, wild und an manchen Stellen nahezu undurchdringlich. Ein richtiger Urwald. Und wie ich genauer hinschaue, so wachsen hier die verschiedensten Bäume. An Eichen entdecke ich mehrere Arten, sogar jene in Irland heimische immergrüne Variante. An einer anderen Stelle stehen hochgewachsene Eßkastanien. Riesenhafte Buchen lassen manche Waldstücke zu ehrwürdigen Hallen werden, ihre ausladenden Äste bilden das Dach. Zwischen dem Unterholz eine Vielfalt an Farnen, mache nehmen gigantische Ausmaße an. Auf dem Waldboden entdecke ich auch Aronstabgewächse. Das Bild dieser Pflanze ist zum Symbol der Gefallenen der Osteraufstände im Jahre 1916 geworden. Alljährlich zum Gedenktag tragen viele Iren eine Easterlily als Anstecknadel am Jacketkragen. Eine Pflanze von nationaler Bedeutung also.

Es ist herrlich durch diesen Wald zu fahren. Und bequem. Unten am Lough Gill führt ein Spazierweg entlang, den Berg hinauf ein paar grobe Forstwege. Ich versuche mich weiter bergauf durchs Unterholz zu schlagen, will den Wald hinter mir lassen und sehen, ob ich den Gipfel erradeln kann. Nach kurzer Fahrt wird der Wald tatsächlich lichter, plötzlich liegen die nackten Hänge vor mir. Verdammt steil sehen sie aus. Vermutlich ist das der Grund, warum sie unbewaldet sind. Anstatt querfeldein vorzudringen, suche ich einen häufig benutzten Schaftrampelpfad, er wird mich gewiß nicht durch zu schwieriges Gelände führen, denn Schafe sind kluge Tiefe und gehen kein unnötiges Risiko ein. An einer flachen Stelle gelingt das Anfahren. Nun heißt es das Köpfchen benutzen, damit das Bike in Bewegung bleibt. Voll konzentriert kämpfe ich mich bergauf und komme eigentlich prima voran. Schwierig wird es an den Stellen, wo die Trampelpfade sich verzweigen. Ich muß mich zu sehr auf den unmittelbaren Bereich vor dem Bike konzentrieren, muß auf jede zusätzliche Unebenheit und Steigung achten, so daß keine Gelegenheit bleibt, das weitere Gelände zu beobachten, um den günstigsten Weg ausfindig zu machen. Die Entscheidung fällt also jedesmal nach einem nur flüchtigen Blick und ist im wesentlichen dem Zufall überlassen. In der Regel versuche ich auf dem Zweig des Pfades zu bleiben, der den Hang nicht zu steil nimmt, aber trotzdem bergauf führt. Wie ein grobmaschiges Netz überziehen diese Wege den gesamten Berg.

Irgendwann ist Schluß. Der Hang ist zu steil geworfen, fahrend geht es nicht mehr weiter. Entweder rutscht das Hinterrad durch oder das Vorderrad hebt ab. Die Anfahrversuche machen keinen Spaß mehr. Außerdem sind meine Kraft und Kondition allmählich an den Grenzen ihrer Belastbarkeit angelangt. Was tun? Es widerstrebt mir, schiebend den Gipfel zu erreichen und dem Zwang, als erster mit dem Bike oben gewesen zu sein, bin ich nicht verfallen. Also lasse ich das Bike einfach liegen und laufe den Rest, allzu weit ist es nicht mehr. Die Aussicht ist erneut umwerfend: Lough Gill mit seinen kleinen Inseln ist ein einzigartiges Spiel mit harmonischen Formen. Der Wind bläst hier oben mit einer erstaunlichen Stärke, so daß ich mich bald wieder an den Abstieg mache.

Schwierig wird es, die Stelle wiederzufinden, an der ich aus dem Wald gekommen bin und wo sich nicht allzu weit entfernt der Forstweg befindet. Besonders markant war die Stelle nicht, und ein auffälliges Zeichen, wie eine bunte Plastiktüte oder ähnliches, wollte ich nicht hinterlassen, weil ich nicht wußte, ob ich den gleichen Weg zurück nehmen würde – von oben hätte sich auch eine andere Möglichkeit bieten können. Doch beinahe instinktiv findet sich die Stelle und damit ist das Problem gelöst.

Der Wald ist erneut ein Genuß. Ich radle eine ganze Weile auf den Wegen vor mich hin, als ich plötzlich an ein Haus komme. Mitten im Wald steht es, fernab jeder Straße. Es sieht bewohnt aus. Plötzlich bin ich wieder bei Schneewittchen und den sieben Zwergen, dies könnte ihr Haus sein. Der Garten ringsum wirkt verwildert und verwunschen. Er ist tatsächlich von einem dicken Wall mit Pfefferminzpflanzen umgeben, ich traue meinen Augen kaum. Ein seltsamer Ort. Soll ich anklopfen? Es reizt mich, doch ich liebe angenehme Träume und radle versonnen weiter.

Spaß am Strand und in den Dünen

Auch der Aufenthalt in der Gegend um das Lough Gill dauerte länger, als es ursprünglich beabsichtigt war, doch so ist das halt, wenn man ohne Zeitdruck umherreist und Land und Leute entdecken will. Die Gegend entpuppte sich ebenfalls als gut geeignet für das Mountain Biking, denn die üppigen Wälder sind mit einigen Wegen durchzogen, die das Radeln auf dem Geländevelo zum Vergnügen werden lassen. Schöne Tage waren das also, doch nun soll es weiter gehen. Ich will ans Meer, das Wetter verlangt es einfach, es ist nach wie vor anhaltend trocken sowie hochsommerlich warm und sonnig. Von wegen Irland und dem weit verbreiteten Vorurteil »da regnet es immer«.

Als interessantes Ziel habe ich mir die Halbinsel Mullagh-

Zwischen Tafelbergen führt ein Weg zum Meer.

more empfehlen lassen. Sie liegt bei dem Örtchen Cliffony unweit der Dartry Mountains und auf meinem Weg in Richtung Donegal. Zwei mögliche Tagesetappen stehen zur Wahl: Die eine entlang dem Glencar Lake und südlich der King Mountains, zu denen auch der berühmte Ben Bulben gehört oder der weiter nördlich liegende Weg entlang dem Glenade Lough, der ebenfalls zwischen zwei Bergmassiven hindurchführt. Ich entscheide mich für die zweite Möglichkeit, denn den anderen Weg habe ich auf meinen Streifzügen nördlich vom Lough Gill bereits teilweise kennengelernt. Nicht daß er mir nicht gefallen hat, er wirkte im Gegenteil sogar ausgesprochen idyllisch. Doch mich lockt der Ruf des Unbekannten.

Meine Entdeckerlust wird nicht schlecht belohnt. Kurz hinter dem Ort Manorhamilton kommen die beiden Bergmassive ins Sicht, zwischen denen ich durch muß. Da es sich um gigantische Tafelberge handelt, kommen mir Assoziationen zu Wildwest-Filmen in den Sinn. Unten im Tal die Postkutsche und weiter oben am Hang die Banditen. Oder unten der Siedlertreck und oben auf dem Plateau der indianische Späher, die Augen mit der Hand beschattend. Drüben am Berg steigen Rauchzeichen auf. Hier wird Karl May plötzlich lebendig, es ist eine einmalige Landschaft dafür.

Fünfzehn Kilometer etwa ist die Strecke zwischen diesen Tafelbergen lang, fünfzehn Kilometer, die die Phantasie aufs äußerste beleben. Zum Glück kann ich eine unbefahrene Nebenstrecke nehmen und meinen Gedankenbildern ungestört nachgehen.

Am Ende der Tafelberge wartet eine Überraschung besonderer Art. Hoch oben in der Steilwand, kurz unterhalb des Plateaus, steht in großen weißen Lettern geschrieben »Brits out«. Offensichtlich muß sich dort jemand mit einem Topf Farbe und einem Pinsel bewaffnet an den gefährlichen Anstieg gemacht haben, um den Vorbeifahrenden an die

Teilung Irlands zu erinnern und daran, daß der Konflikt noch lange nicht ausgetragen ist. Eingefleischten Republikanern sind die britischen Besatzungstruppen im Norden ein Dorn im Auge. Bei vielen Gesprächen mit Iren hörte ich heraus, daß die Anwesenheit der Briten den Konflikt eher verschärft hat, als ihn zu beruhigen. »Brits out« hoch oben in der Steilwand, das muß eine saftige Ohrfeige auch für alle Engländer sein, die als Touristen an dieser Parole vorbeifahren. Es muß sie peinlich an das Vorgehen ihrer eigenen Staatsmacht ermahnen. Und an die Jahrhunderte währende Knechtschaft, die den Iren von den Briten zugefügt wurde. »Brits out« – vom Krieg im Norden der Insel ist in der Republik Irland kaum etwas zu spüren, nur die Parolen und die Meinungen der Menschen weisen darauf hin.

Das Wildwesttal liegt nun leider hinter mir, doch wie ich sehe, kann ich meine Fahrt entlang einer imposanten Bergkette fortsetzen. Ein kleiner Weg führt nördlich dicht an den Dartry Mountains vorbei. Eigentlich sind auch sie Tafelberge, doch die dem Atlantik zugewandte Seite hat eine bizarre Silhouette angenommen. Wind und Wetter haben die Felsen seit Ewigkeiten erbarmungslos bearbeitet und ihnen die jetzige Form verliehen. Wie ich an den Bergen vorbeiradle, jagt eine Überraschung die andere, die ständig wechselnde Perspektive gibt immer neue Einblicke frei. Verstärkt wird dieser Effekt durch Sonne und Schatten. Ich erlebe die irischen Wunderwelten.

Zum Atlantik sind es keine zehn Kilometer mehr. Das Land ist nun flach, es erinnert an Marschen. Auf manchen Wiesen sind mannshohe Heuhaufen aufgestellt. Dort hinten ist ein Farmer mit seiner Familie noch dabei, das Heu zusammenzurechen. In mühevoller Handarbeit wird das gemacht. Die Kinder helfen mit und ich glaube fast, daß auch die Nachbarn dabei sind. Das Heu bleibt lose, gepreßte Ballen

Die Dartry Mountains.

habe ich bisher nur selten gesehen. Damit es nicht in alle Winde verweht, wird ein Haufen mit einem schnell zusammengedrehten Strang aus Binsen gesichert oder – hier an der Küste – auch manchmal mit den Resten alter Fischernetze abgedeckt. Die fertigen Haufen geben ein angenehmes Bild ab, denn wenn die Heuernte erst einmal so weit fortgeschritten ist, so ist sie auch weitgehend gesichert. Der kritische Zeitpunkt liegt in den Tagen nach dem Schnitt, hier entscheidet das Wetter über Erfolg und Pech. In früheren Jahren habe ich schon Heuernten gesehen, die regelrecht im Wasser ersoffen sind. Solche Mißernten führen zu Engpässen im Winter, die den Bauern und sein Vieh in arge Schwierigkeiten bringen. Dieses Jahr sieht es besser aus, und das freut mich aufrichtig. Das Heu konnte schnell getrocknet werden, es hat noch eine richtig grüne Farbe und duftet angenehm würzig. Eine erstklassige Qualität also. Wenn die Haufen später restlos durchgetrocknet sind, so werden sie zu einem riesigen Gebilde vereint, das oft die Größe eines Hauses annehmen kann. Kunstvoll wird das Heu geschichtet, damit das Gebilde nicht umkippt. Die Oberfläche wird sorgfältig mit Binsen abgedeckt und anschließend regelrecht gekämmt, damit das Regenwasser abfließen kann und nicht etwa in das Gebilde eindringt und das mühevoll gewonnene Heu verdirbt. Ein Haufen Heu ist ein Haufen Arbeit, für den Bauern sind die schönsten Sommertage die arbeitsintensivste Zeit. Etwas neidvoll gucken zumindest seine Kinder zu mir herüber, als ich an ihnen vorbeifahre.

In diesen Marschen erstaunt mich auch wieder, wie viele Häuser leerstehen. Sie wurden vor noch nicht allzu langer Zeit verlassen. Das Leben hier muß hart sein, kaum ein Baum hält die häufigen Winde vom Meer zurück. An Feld- oder Gartenbau ist hier kaum zu denken. Was bleibt ist die Viehzucht, doch unter den schwierigen Bedingungen führt

Die Iren sind nicht besonders geschäftstüchtig.

auch sie kaum zum Erfolg.

Vor mir liegt die Halbinsel Mullaghmore und mit ihr eine erneut völlig andere Landschaftsform. Herrlicher Strand, Dünen und das dazugehörige typische Hinterland mit seinem kurzen harten Gras bestimmen das Bild und lassen das Mountain Biker-Herz höher schlagen. Gleich morgen will ich dort ein paar unbeschwerte Ritte wagen. Toll auch das Panorama ringsum, es reicht von den Bergen jenseits der Bucht im fernen Donegal über jene Wildwest-Berge, durch die ich hierher gekommen bin, bis zu den Dartry Mountains, die bei der Stadt Sligo mit dem Ben Bulben ihren Abschluß finden.

Abends beginnt die Suche nach einem Pub. Auf Mullaghmore stehen einige Häuser, die vorwiegend als Sommer- und Ferienhäuser benutzt werden. Ferner gibt es ein Kloster, ein Hotel, einen Laden und auch ein Public House, so jedenfalls erklärt es mir die alte Dame, bei der ich ein Zimmer gefunden habe. Alle Einrichtungen kann ich auf Anhieb finden, nur nicht den Pub. Eigentlich müßte auch er an dem kleinen Hafen liegen, denn hier scheint das Zentrum der Halbinsel zu sein. Ich frage einen Mann, der mit zwei großen Fischen in der Hand von den Booten kommt. Er lächelt und weist auf ein Gebäude, das eher einer Baustelle gleicht. An den Außenwänden steht ein Gerüst, davor Sandhaufen und Steine. Die Fensterscheiben sind vom Mörtelwasser völlig verschmiert. Es wirkt nicht gerade einladend, doch wie die Tür aufgeht, muß ich feststellen, daß nicht wenig Betrieb herrscht. Ich dränge mich zum Tresen vor und bestelle mein Pint. Die Männer sitzen auf Stühlen, Bretterstapeln und übereinandergeschichteten Zementsäkken. Es riecht nach frischem Mörtel, Meerwasser und Fisch. Sie scheinen fast alle Einheimische zu sein, ein Fremder traut sich hier kaum herein. »Well«, so sagt man mir, »die Umbauarbeiten sollten ursprünglich in den Wintermonaten stattfinden, doch damals hatte keiner Zeit. So dauerte es bis jetzt und es sieht so aus, als ob sie es in diesem Jahr noch fertig schaffen. Jedenfalls arbeitet die Truppe erstaunlich schnell.« Ich bin über diese Zeitplanung verwundert, denn offensichtlich ist auch dieser Ort auf etwas Fremdenverkehr angewiesen, und wenn die einzige Kneipe im Sommer eine Baustelle ist, so wirkt sie nicht sonderlich attraktiv. »Allzuviele Touristen kommen bei uns leider nicht vorbei. Wir warten jedes Jahr auf den großen Zustrom, bisher jedoch vergeblich.« Ich bin erstaunt, denn mein erster Eindruck von der Halbinsel war äußerst positiv. »Der große Autostrom rollt Richtung Norden. Donegal heißt das magische Wort. Da nimmt sich niemand die Zeit, mal einen Abstecher zu uns zu machen oder gar die ganzen Ferien hier zu verbringen. Wir liegen etwas abseits von der allgemeinen Hauptroute.« Mir soll es recht sein, denn ich liebe die überlaufenen Gegenden nicht allzu sehr, für die Leute hier tut es mir aber leid, sie würden gerne ein paar zusätzliche Einnahmen haben. Mullaghmore ist also schon wieder eine Ecke, die als Geheimtip für ruhige Ferien gelten kann. Den nächsten Morgen beginne ich damit, daß ich eine Runde entlang der Küstenlinie der Halbinsel abfahre. Zu meiner Überraschung besteht sie hauptsächlich aus schroffen Felsen. Dahinter befinden sich magere Wiesen, die mit Steinmauern eingefaßt sind: Dieses Bild wird so häufig als »typisch irisch« ausgegeben, obwohl es nur wenige Gegenden gibt, in denen die Steinmauern wirklich vorherrschen. Dies hier ist eine. Es gibt keinen Baum und keinen Strauch. Die Mauern bilden den alleinigen Schutz. Solch eine Landschaft hat ihren eigenen Charakter, und ich freue mich, sie hier in so reiner Form zu sehen.

Weiter hinten steht ein großes Schloß. Ich fahre quer über die Wiese und bemerke, daß es bewohnt ist. Von nahem sieht alles recht privat aus. Ich entferne mich lieber wieder, obwohl niemand von mir Notiz nimmt.

Weiter geht es querfeldein die Küstenlinie entlang. Die Wiesen bieten einen harten Untergrund, auf dem es sich ausgezeichnet radeln läßt. Allmählich habe ich die Halbinsel verlassen und steuere auf eine ungeheuer hohe Dünenlandschaft zu. Ich glaube, noch nie etwas Vergleichbares gesehen zu haben. Diese Riesendünen liegen südlich von Mullaghmore nahe bei dem Örtchen Cliffony. Leider muß ich das Bike jetzt schieben, der Sand ist zu locker und meine 1,75er Reifen zu schmal. Ich bezweifle aber, daß ich dort mit breiteren Reifen durchkommen würde. Vielleicht wenn es lange geregnet hätte und der Sand bis in die Tiefe verdichtet ist, aber nicht nach solch einer langanhaltenden Trockenperiode. Als es wieder abwärts geht, versuche ich mein Glück noch einmal. Diesmal gelingt es auf dem Bike zu

Der lockere Sand zehrt an den Kräften.

bleiben, die Schwerkraft hilft mir. Mehr rutschend als radelnd erreiche ich den Strand. Was für eine Partie! Der Sand wird in hohem Bogen aufgewirbelt und fliegt mir um die Ohren. Ich muß treten und treten, um nicht stecken zu bleiben. Die Wellen rauschen, eine leichte Brise weht. Ich gerate in Ekstase und fahre ins Meer, vom Wasser der Reifen bin ich im Nu durchnäßt. Eine herrliche Erfrischung, denn die Sonne brennt vom Himmel. In den auslaufenden Wellen läßt es sich gut fahren, hier ist der Strand fest genug. Nach einer Weile lege ich mich in den Sand und halte ein kleines Schläfchen. Ich liebe das Meer und seine Wellen – ein hervorragender Hintergrund für angenehme Träume.

Als ich erwache, berührt das Wasser beinahe meine Füße, die Flut läuft ein. Ich bin immer noch allein am Strand, unvorstellbar aber wahr. Beim Rückweg komme ich an dem offiziellen Eingang des Schlosses vorbei. Da steht tatsächlich ein Schild: »Privat – Zugang verboten«. Also hat mich mein Instinkt vorhin richtig geleitet. Merkwürdig, ich dachte, diese Zeiten wären in Irland vorbei. In der Regel ist man heute nämlich sehr freizügig und verwehrt keinem den Zugang zu privatem Land. Die Ausnahmen bestätigen jedoch die Regel und zeigen, daß es wieder eine neue Aristokratie zu geben scheint. Kein schlechter Platz, den man sich hier mit diesem Schloß ausgesucht hat.

Ich erreiche wieder das »Zentrum« Mullaghmores mit seinen paar Häusern, kaufe einige Sachen für die Mittagspause und will zum nahegelegenen Strand runter. Wie ich ihn im Blickfeld habe, traue ich meinen Augen kaum: Da sind tatsächlich mehr Kühe am Strand als Menschen. Ein ungewohntes Bild. Die Kühe, sieben Stück an der Zahl, sind offensichtlich durstig, sie stapfen durch den weichen Sand, waten bis zum Bauch ins Wasser und trinken ausgiebig. Sie scheinen Salzwasser zu mögen. Hinter den Dünen muht ein Kalb. Die Mutter wird nervös, es kommt Leben in die Kolosse, sie laufen unruhig hin und her, rufen das Kalb. Statt einem kommen plötzlich drei durch die Dünen gerast. Große Versöhnung, darauf gibt es einen Hieb Milch. Die Vierbeiner bewegen sich wieder im Zeitlupentempo. Langsam trotten sie davon, irgendwo hinter den Dünen scheinen ihre Wiesen zu sein.

Fünf Menschen zähle ich am Strand. Ich kann es nicht verstehen, denn die Sonne lacht vom Himmel und dieses Stück Küste ist einfach einladend. Wäre dies ein Strand im Süden Europas, so würden die Leute hier Schulter an Schulter liegen und der ganze Platz würde aufdringlich nach Sonnenöl riechen. Doch dieser Ort befindet sich im

Diese Aufnahmen sind später
im Jahr in Strandhill bei Sligo
entstanden.

107

Auch eine Art der Fortbewegung...

Nordwesten Irlands und liegt abseits der üblichen Routen. Der Mann gestern in der Kneipe hatte recht, als er meinte, daß kaum jemand einen Abstecher wagt.

Ich fühle mich auf der Halbinsel ausgesprochen wohl und verbringe vier Tage mit Baden und Faulenzen. Den einen oder anderen Bike-Ritt kann ich mir natürlich nicht verkneifen, zumal das grasige Land hinter den Dünen extrem viel Spaß bereitet. Mit hohem Tempo geht es auf und ab und manche Unebenheit kann als Sprungschanze dienen. Ich glaube, nach diesen Tagen ist aus mir ein kleiner Akrobat auf zwei Rädern geworden.

Vergessen werden soll auch nicht der Ausflug in die Dartry Mountains. Sie beinhalten einen eindrucksvollen Talkessel, den die Einheimischen Horseshoe nennen; ein Weg führt dort hinein, der auf der Karte die Form eines Pferdehufes hat. Dieser Horseshoe war mein Ziel mitsamt jener steilen Trasse, die zu einem Sendemast hoch oben auf dem Berg führt. Die Trasse ließ sich mit meiner Übersetzung gerade noch befahren, zum Glück war sie trocken und das Hinterrad fand genügend Halt. Dennoch habe ich sie nicht in einem Stück geschafft, sondern mußte mehrere Verschnaufpausen einlegen, die Anstrengung war bei der Hitze einfach zu hoch, die Beinmuskeln hart wie Stein. Doch bin ich radelnd oben angekommen und muß gestehen, daß ich darauf nicht wenig stolz bin.

Die Donegal Bay mit Rückenwind

Vor der nächsten Etappe graut es mir etwas. Ich will hoch nach Donegal und werde nicht darum herum kommen, für einige Kilometer die große Hauptstraße zu benutzen. Ich kenne die Straße von früher her, auf ihr herrscht viel Verkehr, denn sie ist der einzig größere Zugang zu dem nördlichen County, der auf dem Boden der Republik Irland liegt. Die Grenze von Nordirland reicht hier fast bis an den Atlantik. Donegal gehört zur Republik, ist durch diesen Engpaß aber fast von ihr abgetrennt. Nicht umsonst heißt diese Zufahrt »single street«. Wer auf dem Weg nach Donegal die Grenze nicht überschreiten will, muß hier durch. Der Wind weht heute kräftig aus Südwesten, er wird mir also helfen, diese Strecke schnell hinter mich zu bringen. Zunächst radle ich an der Küstenlinie entlang und bin erstaunt, daß ich eingentlich ganz schön lange auf einspurigen Nebenwegen bleiben kann. Sie sind offensichtlich so klein, daß sie auf der Karte gar nicht eingezeichnet sind. Vielleicht bleibt mir das Glück hold und ich entdecke noch mehr solcher Wege. Probleme machen hier manchmal die Hunde. Sie sind vorbeiradelnde Fremde nicht gewohnt und scheinen Hunger auf frisches Wadenfleisch zu haben. Ein Lob jedoch: Manche sind sehr wohl erzogen und gehorchen vortrefflich auf mein »go back« und »shut up-«Geschimpfe. Für die unbelehrbaren stecken ein paar handliche Steine in der Lenkertasche – diese Sprache verstehen sie alle. Ein Segen daß die irischen Hunde nur von kleiner Statur sind und sich entsprechend einfach einschüchtern lassen.
Kurz vor Bundoran komme ich auf die besagte Hauptstraße. Diesen Ort muß ich mir noch einmal anschauen, denn ich habe ihn als echtes Kuriosum in Erinnerung. Die Häuser

ziehen sich endlos an der Straße entlang. Beinahe jedes dient dem Amüsement. Spielhallen, Kneipen, Kinos, Diskos, einarmige Banditen, Karussells – wer Geld ausgeben will, der findet in Bundoran garantiert eine Gelegenheit dazu. Es ist Irlands Las Vegas, bunt, grell und überflüssig. Allzuviel Betrieb scheint heute nicht zu sein, doch ich habe mir sagen lassen, daß des abends hier manchmal die Hölle tobt. Nicht nur Touristen, auch die Iren fahren mitunter von weit her in diesen Ort, um mal so richtig auf den Putz zu hauen. Mir bleibt das leider unverständlich, denn ich gehöre zu der Minderheit, die an solchen Vergnügungszentren wenig Gefallen hat. Wie mag dieser Ort wohl aussehen, wenn eines Tages auch die Prostitution zum gängigen Stadtbild in Irland gehört? Bisher hat man sich diese Entwicklung noch halbwegs vom Leibe halten können, doch mit der allgemeinen Angleichung in der Europäischen Gemeinschaft wird sich in den nächsten Jahren auch in Irland vieles ändern. Bundoran ist einer der extremsten Orte auf der grünen Insel und so gar nicht typisch, hier hat eine fremde Kultur Pate gestanden. Ich bin froh als ich dem Ort den Rücken kehren kann.

Ballyshannon heißt die nächste Station und bis dorthin muß ich auf der Hauptstraße bleiben. Dieser Ort ist mir wesentlich sympathischer. Obwohl auch er sich für den Fremdenverkehr gerüstet hat, so hat er doch seinen eigenen, gemütlichen Charakter behalten. In Ballyshannon findet alljährlich ein großes, berühmtes Festival statt, das Musiker und Musikliebhaber aus aller Welt anzieht. Vor Jahren habe ich es einmal besucht und denke gerne daran zurück.

Nun geht es weiter zum Ort namens Donegal. Dort will ich mich entscheiden, welche Richtung ich einschlagen werde, ob ich an der Küste bleibe oder ins Landesinnere fahre. Doch zunächst bleibe ich am Meer. Hinter Ballyshannon nehme ich eine kleine Küstenstraße, die sich bald durch herrliche Dünenlandschaften windet. Natürlich geht es dauernd auf und ab und ich bin erneut froh über meine Gangschaltung. Diese Strecke kostet Kraft und Zeit, denn sie ist ein Umweg, doch sie ist eine angenehme Alternative zur besagten Hauptstraße, deren Verkehrsdichte bis Donegal Town gleichbleibend hoch ist. Angenehm und willkommen sind auch die Strände, die auf der Alternativstrecke gelegentlich auftauchen, sie laden bei dem schönen Wetter zu einer ausgiebigen Badepause ein.

Fünf Kilometer vor Donegal Town ist das Vergnügen zu Ende. Ab dem Ort Laghy gibt es keine Nebenstraßen mehr zur Meerseite hin. Beim Anblick der endlosen Autoschlange auf der Hauptlinie kommt die rettende Idee: Die Suche auf der Karte verrät mir, daß es ja auch Nebenstrecken in östlicher Richtung, also dem Lande zugewandt, gibt. Diese Alternative für das letzte Stück der Hauptverkehrsader nach Donegal läßt sich ebenfalls gut radeln, denn sie wird tatsächlich von Autofahrern kaum benutzt. Für die gesamte Entfernung von Ballyshannon bis Donegal Town lassen sich also Nebenstrecken finden, nur bei Bundoran ist man gezwungen, die Single Street zu nehmen.

Donegal Town hat ebenso wie Ballyshannon einen netten Charakter behalten. Ich leiste mir ein Mahl in einem Restaurant und werfe ständig ängstliche Blicke aus dem Fenster, damit ich sofort eingreifen kann, falls sich jemand an meinem Gepäck auf dem Rad zu schaffen macht. Doch meine Furcht bleibt unbegründet. Ich kann nur beobachten, daß mein Bike neugierig betrachtet wird, allzu häufig sieht man echte Mountain Bikes noch nicht in diesem Teil der Welt. Mit Langfingern scheint es übrigens auf dem Land selbst in den kleinen Touristenstädtchen kaum Probleme zu geben, Schauergeschichten lassen sich nur aus Dublin erzählen.

Das Essen schmeckt gut. Ich habe landesübliche Schafkoteletts mit Steckrübenmus gewählt, obwohl es auch andere Gerichte von der europäischen Speisekarte gibt. Restaurants sind noch selten im Westen Irlands, man findet sie vorwiegend in den Gegenden, die sich bereits auf den Fremdenverkehr eingestellt haben und tatsächlich auch häufig besucht werden. Woanders muß man sich unterwegs leider mit Hamburgern aus einem Take away-Laden begnügen oder, falls es auch diesen nicht gibt, in einem Pub nachfragen, ob sie einem dort nicht ein Sandwich machen können. Die letzte Lösung ist meist besonders grauenhaft, denn die Grundlage jener Sandwiches besteht aus ungetoastetem Toastbrot – eine Sache, an die sich nicht jeder gewöhnen kann. Verständlicherweise, wie ich meine. Erwähnt werden müssen in diesem Zusammenhang auch die Coffee & Tea-shops. Sie haben ein interessantes Angebot an kleinen Mahlzeiten für zwischendurch, jedoch findet man sie ebenfalls nur an den häufiger besuchten Orten, eben dort, wo es auch Restaurants gibt.

Ich lasse mir das Essen munden und komme mit zwei Engländern ins Gespräch, die mich zuvor mit dem Bike haben kommen sehen. Sie wollen wissen, wie es sich damit reisen läßt und was man sonst noch damit anstellen kann. Es stellt sich heraus, daß die beiden begeisterte Bergwanderer sind und gerade die spektakulärsten Regionen Donegals aus Schusters Rappen erkunden. Nach dem Essen folgt also ein heißer Informationsaustausch. Schade, daß die beiden so schnell weiter wollen, im Gegensatz zu mir haben sie einen straffen Zeitplan, bedingt durch ihren kurzen Urlaub. Keine Frage, auf welchem Weg es nun weitergeht: Entlang der Küste Richtung Westen zu den Klippen vom Slieve League. Dort soll es einen aufregenden Wanderweg auf dem Grat des Berges geben, der sich mit dem Bike befahren lassen müßte. Fast siebenhundert Meter geht es von dort oben senkrecht ins Meer.

Slieve League: Fast siebenhundert Meter über dem Meer kann es einem schwindlig werden

Von Donegal Town bis zum Slieve League sind es noch einmal gute sechzig Kilometer. Die Strecke ist relativ einfach zu fahren, weil sie nicht allzu hügelig ist. Ihre Verkehrsdichte ist erträglich. Gelegentlich könnte ich auf kleinere Nebenstraßen ausweichen, doch die Umwege wären enorm. Ich trete ordentlich in die Pedale, denn ich will die Strecke nach Möglichkeit heute noch schaffen.

Eine Pause gibt es in Killybegs. Dieser Ort ist ein bedeutender Fischereihafen für die Region, wie ich zuvor in einer Informationsbroschüre gelesen habe. Als ich den Hafen sehe, bin ich erstaunt, wie klein er ist. Ich habe falsche Maßstäbe im Kopf, anders kann ich mir dieses Mißverhältnis nicht vorstellen. Im Grunde gibt es hier alles, was einen wichtigen Hafen ausmacht: Anlegeplätze, Hallen, um den Fisch zu lagern, Fischfabriken, ja sogar eine Werft kann ich entdecken. Ein Kutter wird gerade mit Eisstücken beladen, von einer riesigen Wanne aus wird es in eine Luke gekippt. Eine halbe Stunde später läuft dieses Boot aus. Auf einem der beiden Piers riecht es nach frischer Farbe. Zwei Schiffe liegen dort, die gerade einen frischen Anstrich erhalten. Farbe gegen Rost. Das Salzwasser ist verdammt aggressiv. Ich habe es selbst zu spüren bekommen, die Radlerei am Strand und im seichten Meerwasser haben deutliche Spuren hinterlassen. Besonders die Ösen in der Felge, welche die Speichennippel halten, hat es erwischt. Rost zeigte sich schon am vierten Tag, obwohl ich das Bike nach meinen Ritten mit neutralem Wasser abgespült habe. Ich weiß, daß

114

diese Ösen eine kritische Stelle sind, weil hier verschiedene Metalle aufeinanderstoßen, dennoch bin ich erstaunt. Nun, das Salz liegt auch in der Luft und Abspülen ist nur eine Hilfe von kurzer Dauer. Die Seeleute helfen sich mit frischer Farbe, dick aufgetragen läßt sie den Rost verschwinden.

Auf dem anderen Pier hat man zu einer Festlichkeit gerüstet. Welch ein Zufall, in den nächsten Minuten soll eine hypermoderne Superyacht eintreffen. Eine aufgestellte Tafel berichtet davon, daß diese Yacht in Irland gebaut wurde, Riesensummen verschlungen hat und das Land bei einer Regatta rings um die Welt vertreten soll. Eine Whiskey-Firma muß Geld für dieses Projekt gegeben haben, ihre Reklame sticht ins Auge. Die Firma hat ein Buffet aufgebaut, das recht verlockend aussieht. Ein paar Leute sammeln sich am Ende des Piers und schauen gebannt in die Ferne. Auf einem Fischkutter werden die letzten Vorbereitungen zum Auslaufen getroffen, die Besatzung betrachtet die Szene mit Neugier. Plötzlich strecken sich einige Arme bei den Leuten auf dem Pier, die Finger zeigen weit hinaus aufs Meer, wo ein Segelmast sichtbar wird und langsam immer näher heranschwebt. Das Segel wächst und wächst, es ist riesengroß und trägt ebenfalls den Schriftzug der Whiskey-Marke. Enttäuschend ist dagegen der Rumpf des Bootes, flach und praktisch, ohne Fenster oder Aufbauten – computer-designed, so wirkt es auf mich. Und computergesteuert, so scheint es zu sein, denn kurz vor dem Pier legt es ein paar zackige Wendemanöver hin, die nicht wenig Erstaunen hervorrufen. Auf dem Pier taucht eine Jugendband auf, die das Boot mit Trommeln, Akkordeon und Blechflöten lautstark begrüßt. Ein Teil der Crew wird an Land geholt. Bedauerlicherweise ist das Buffet nur für sie bestimmt. Nicht mal einen Whiskey gibt die Firma für das gemeine Jubelvolk aus. Das Projekt muß bisher wirklich schon viel Geld verschlungen haben. Ich fahre weiter, denn es macht wenig Spaß, anderen beim Essen zuschauen zu müssen.

Den Leuten, die rings um Killybegs wohnen, scheint es relativ gut zu gehen. Schon lange vor und auch jetzt weit hinter dem kleinen Ort sieht man wenig von der Bescheidenheit, in der viele Menschen in den Gegenden leben, die ich bisher durchradelt habe. Nicht daß die Häuser hier richtig wohlhabend oder gar protzig aussehen, der Unterschied ist gering. Doch vermutlich ist es der Hafen und die gelegentlichen Jobs, die einen Unterschied sichtbar machen.

Eine Weile hinter Killybegs ist es vorbei mit der flachen Straße, sie muß einige Berge überwinden und beginnt anzusteigen. Ich merke, daß ich ganz schön erschöpft bin und kaum noch Kraft in den Beinen habe. Es war eine ziemlich lange Etappe heute rings um die Donegal Bay, und ich habe all mein Gepäck dabei. Doch weit ist es nicht mehr bis zum Slieve League, die letzten paar Kilometer werde ich noch schaffen.

Der kleine Ort Carrick scheint mir die letzte Gelegenheit zu sein, mich um eine Unterkunft für die Nacht zu kümmern. Beim Nachfragen stoße ich auf zwei nette Schotten, die mich einladen, mit ihnen ihr geräumiges Zelt zu teilen. Es steht am Fuße des Slieve League. Sie sind ebenfalls wie die beiden Engländer, die ich heute beim Mittagessen traf, eifrige Bergwanderer. Ich nehme die Einladung gerne an, wir haben uns sicher viel Interessantes zu erzählen. Der Ort Carrick hat übrigens, außer des Namens, nichts mit der gleichnamigen Kleinstadt im County Leitrim gemeinsam. Carrick ist eine englische Form des gälischen Wortes Carraig und bedeutet »ein Felsen«. Man darf sich also nicht wundern, wenn man überall in Irland auf Orte trifft, die gleiche Namen tragen. Das gälische Wort sagt meistens

116

etwas darüber aus, was für den Ort oder die Landschaft ringsum typisch ist. So auch hier, denn dieses Carrick liegt tatsächlich in einer Gegend, die von felsigen Bergen umgeben ist.

Zum Camp der Schotten sind es noch fast zehn Kilometer, die Hälfte davon ist recht anstrengend, es geht nämlich bergauf. Ein Stück hinter der letzten Ansammlung von Häusern, der »Ortschaft« Teelin, versperrt ein Tor den Weg. Solchen Situationen begegnet man des öfteren in abgelegenen Bergregionen. Solch ein Tor oder Gatter bedeutet nicht, daß man hier nicht weiter darf, sondern es besagt vielmehr, daß hier ein großes Gebiet beginnt, auf dem sich Schafe befinden. Die Schafe bleiben dort das ganze Jahr über sich selbst überlassen und werden nur selten zusammengetrieben. Damit die Farmer sie nicht sonstwo in Irland suchen müssen, ist es unbedingt wichtig, diese Tore stets wieder zu schließen. Wo das nicht klappt, werden die Farmer mit Recht sauer und verbarrikadieren ihre Tore rigeros, so daß man nur noch über sie hinwegklettern kann. Das Tor zum Slieve League läßt sich noch öffnen – ich bin froh darüber, denn es erspart mir einige Umstände.

Ein toller Platz, den die Schotten sich für ihr Lager ausgesucht haben. Er befindet sich bereits etwa zweihundert Meter über dem Meer. Von ihm aus kann man die gewaltigen Steilwände der Klippen vom Slieve League überblicken. Der Gipfel des Berges ist fast zweitausend Fuß hoch und damit sind es die höchsten Klippen Irlands und Großbritanniens. Die Abendsonne spielt gerade mit den Schatten der Felsen und ich bin erneut erstaunt, daß dieser einmalige Platz so wenig besucht wird. Die beiden Schotten campen hier schon seit drei Tagen und können die Besucher noch an zwei Händen abzählen.

Am Lagerfeuer erzählen mir die beiden von ihren Touren, die sie hier bereits unternommen haben. Sie machen mir den Mund damit so wäßrig, daß ich kaum den nächsten Morgen erwarten kann.

Die Fahrt auf dem Grat der Klippen wird zu einer Reise in den siebenten Himmel des Mountain Bikings. Der Anstieg ist schwer, denn er ist steil und felsig. Mitunter muß ich schieben. Doch allmählich schraube ich mich immer höher. Bald ist das steile Anfangsstück geschafft, nun geht es oben auf dem zackigen Grat weiter. Beim Blick in die Tiefe wird es mir ganz mulmig in der Magengegend: Mehr als einen halben Kilometer fällt der Berg ins Meer ab. Unangenehme Gedanken vom freien Fall schleichen sich ein. Was passiert, wenn jetzt die Lenkung versagt oder wenn ich für einen Moment nicht aufpasse? Kann ich das Bike noch in der Spur halten? Ich stoppe für einen Augenblick und entspanne meine Nerven. Dieser Weg hier oben entlang ist verdammt gefährlich, doch eigentlich kann mir gar nichts passieren, wenn ich langsam und konzentriert bleibe. Schließlich habe ich das Bike sicher in der Hand und schon einige Erfahrungen in brenzligen Situationen gesammelt.

Weiter geht es. Nervlich frisch gestärkt wird das Abenteuer zu einem Vergnügen. Der schmale Fußweg hat immer noch einen akzeptablen Abstand zum Abgrund, meine Toleranzgrenze ist gewachsen. Wird es einmal zu beängstigend, so weiche ich zur Landseite hin aus, was auf dem harten Untergrund oder auf einem Schaftrampelpfad ohne Probleme gelingt. Eine Klippe nach der anderen kann ich auf diese Weise bezwingen, ohne in ernsthafte Gefahr zu kommen. Mitunter wird es sehr steil, ich nutze die Gelegenheit, um zu schieben und Ruhe für die einmalige Aussicht zu haben. An klaren Tagen soll man seewärts bis nach Connemara schauen können, man soll die Berggruppen erspähen können, die ich bereits erradelt habe, und auch die hohen Berge im County Donegal blieben einem nicht verborgen. Doch heute ist es zu diesig für die extremen Weiten. Das ist auch der Grund, warum die beiden Schotten noch in der Gegend sind, sie warten seit nunmehr vier Tagen auf bessere Sichtverhältnisse. Ich bin trotzdem tief beeindruckt von den »beschränkten« Ausblicken, die sich mir bieten. Schließlich radelt man nicht alle Tage so hoch über dem Meer entlang.

Dann kommt erneut eine Mutprobe: Der Grat wird sehr schmal und fällt auch landeinwärts steil ab. Ein Balanceakt auf dem Messerrücken. Ich schiebe das Bike lieber, es ist mir eine zusätzliche Stütze, die mir Sicherheit gibt; mein drittes Bein. Wieder stellt sich ein mulmiges Gefühl ein, es verstärkt sich, wenn ich meinen Blick auf den Weg hefte. Dieser befremdende Eindruck, daß der Weg sich bewegt, während alles, was tief unten liegt zu ruhen scheint, dieser ungewohnte Eindruck sorgt für das aufkommende Schwindelgefühl. Ich komme wesentlich besser voran, wenn ich mich nur soweit auf den Weg konzentriere, wie es wirklich nötig ist.

Bald ist dieser schmale Grat geschafft. Ich bin mir nicht sicher, ob es jener ist, der auf den Karten als »One Mans Pass« eingezeichnet ist, oder ob es die Engstelle ist, von der mir die Schotten berichtet haben und die sie als größeren Nervenkitzel empfunden haben, als jenen bekannten Paß. Vielleicht wird mir der Rückweg darüber Auskunft geben. Dann kommt der Gipfel des eigentlichen Slieve League. Teilweise muß ich wieder schieben, mitunter das Bike sogar schultern, wenn es zu felsig wird. Unvorstellbar, in welche Welt mich dieser Weg heute geführt hat. Der Slieve League ist ein absoluter Leckerbissen für Wanderer und auch für Mountain Biker, der Ritt auf dem Grat ein Abenteuer höchster Güte. Eine heiße Empfehlung also für schwindelfreie, fitte und geschickte Leute. Gesagt sei auch, daß der Weg nirgendwo abgesichert ist und daß man das Abenteuer auf eigenes Risiko begeht. Man muß sich klar sein, daß im Falle eines tiefen Falles jede Hilfe überflüssig wird, denn aller Wahrscheinlichkeit nach wird man nur noch als Mövenfutter dienen können. Doch das ist das Risiko bei allen gewagten Bergtouren.

Von meinem Startpunkt bis zum Gipfel des Slieve League waren es mehr als fünf aufregende Kilometer. Nun bleibt die Wahl für den Rückweg: Ein Wanderweg führt in einem Bogen landeinwärts über die bereits erwähnte Häuseransammlung Teelin zum Startpunkt zurück, ein anderer fährt auf der Küstenlinie fort, bis man nach abermals mehr als fünf Kilometern auf das Dörfchen Malin Beg stößt und von dort auf kleinen Straßen hinter den Bergen zum Ausgangspunkt zurückkehren kann. Ich will beide Möglichkei-

In der Gegend von Slieve League: Solche alten Karrenwege bergen meist eine Überraschung.

ten noch erkunden, doch für heute nehme ich den gleichen Weg auf dem ich gekommen bin. Er war zu faszinierend, und in der Gegenrichtung erscheint er tatsächlich völlig neu durch die veränderten Perspektiven.

Am Nachmittag erradle ich das Hinterland, was auf dem trockenen Torfboden ohne Schwierigkeiten gelingt. Probleme wird es hier aber geben, wenn es viel geregnet hat. Manch unerwarteter Sumpf wird dann entstehen. Bei einem Abstecher zur Küstenlinie entdecke ich einen uralten Aussichtsturm, er könnte als Kulisse für eine Rittergeschichte dienen. Erstaunlich gut erhalten sieht er noch aus; Wind und Wetter haben ihn wohl tadellos sauber gehalten. Der Eingang liegt auf halber Höhe, die Treppe war vermutlich aus Holz, denn von ihr ist keine Spur mehr zu finden. Völlig überwachsen, aber andeutungsweise noch erkennbar ist der alte Fuß- und Karrenweg, der in engen Serpenti-

Der Signal Tower von Carrigan Head.

Exkursionen an der wilden Steilküste sind gefährlich.

nen den steilen Hang zum Turm hinunter führt. Ein malerisches Bild, wie er hoch über dem Meer in der bergigen Küste steht. Wie ich später erfahre ist es der alte Signal Tower von Carrigan Head. Wann er verlassen wurde, kann mir niemand genau sagen, und wann er gebaut wurde schon gar nicht.

Die beiden Schotten bleiben noch zwei weitere Tage, und ich darf weiterhin in ihrem Zelt nächtigen. Welch ein Glück, denn so kann ich, ohne mir ein neues Quartier suchen zu müssen, die vorhin genannten Wandertouren per Bike kennenlernen. Sie sind nicht einfach zu erradeln, aber das gilt für das ganze Terrain. Dafür ist es eine einmalige Landschaft, die mit aufregenden Überraschungen gewürzt ist. Bestimmt bin ich der erste gewesen, der die Klippen in ihrer Gesamtheit mit der Bike erradelt hat. Kein schlechtes Gefühl, dies feststellen zu können. Im Nachhinein muß ich sagen, daß es teilweise sogar allerschwerstes Gelände war, sowohl für die Muskeln, als auch für das Bike und die Nerven.

Wer die Klippen vom Slieve League ebenfalls besuchen will, dem sei folgende Warnung dringend ans Herz gelegt. Bei unklaren Wetter- und besonders Windverhältnissen ist von einem Erklimmen der Klippen unbedingt abzuraten. Auf dem Grat bläst der Wind um einiges stärker und es braucht nicht viel dazu, hinabgeweht zu werden. Gewarnt sei auch vor böigen Winden, sie sind besonders gefährlich, denn sie sind unberechenbar. Wer den Slieve League besuchen will, sollte etwas Zeit mitbringen, um notfalls auf den richtigen Tag warten zu können. Ebenso gefährlich sind Exkursionen an der übrigen Steilküste dieser Gegend. Beim Mountain Biking sind genau wie beim Bergsteigen oder -wandern bestimmte Vorsichtsregeln einzuhalten. Wer dies tut, wird sicher und unversehrt an seinem Ziel ankommen.

Ein Wüstenritt in Donegal

Das Zusammensein mit den beiden Schotten im Camp vom Slieve League hat mir viel Spaß gemacht. Mir fiel auf, daß ich in der letzten Zeit viel allein unterwegs war und auf niemanden gestoßen bin, der ähnliche Interessen wie ich hatte. Einem Mountain Biker bin ich lange nicht mehr begegnet und auf Wanderer bin ich erst hier im County Donegal getroffen. Der Gedankenaustausch war so angenehm, daß ich beschloß, als nächstes einmal eine Jugendherberge anzusteuern. Dort besteht erfahrungsgemäß ebenfalls die Möglichkeit, auf Wanderer oder gar Radwanderer zu stoßen. Jugendherbergen sind eine recht preiswerte Übernachtungsmöglichkeit, und in Irland werden sie von jung und alt gleichermaßen benutzt.

Glencolumbkille heißt deshalb mein nächstes Ziel. Ich wollte den Ort schon immer mal besuchen, denn dort befindet sich eine Art Museum: Ein altes Dorf mit Farmhäusern aus verschiedenen Zeitepochen kann dort bewundert werden. Glencolumbkille ist nur einen kurzen Bike-Ritt vom Slieve League entfernt. Ich trudle kurz nach der allgemeinen Mittagspause ein, buche mein Herbergsbett, gebe mein Gepäck in Obhut und suche jenes Freilichtmuseum. »Dort hinten, wo die Busse stehen«, weist mir eine Frau den Weg. Tatsächlich fällt mir der große Parkplatz auf. Die alten Farmhäuser unterscheiden sich kaum von denen, die ich sooft unterwegs auf meinen Touren gesehen habe. Doch einen großen Unterschied gibt es: Diese Cottages hier sind strohgedeckt, ein Bild, das in Irland langsam verschwindet. Der Besucherstrom zum Freilichtmuseum ist nicht unbeträchtlich. Es scheint zum festen Programm einiger Busreisen zu gehören. Stündlich findet eine Führung statt, bei der man drei der alten Cottages von innen samt der zeitgemäßen Einrichtung bewundern kann. Ich schließe mich einer der Führungen an, die gerade beginnt. Eine Frau mit einer hoffnungslos verstopften Nase gibt zu den alten Gerätschaften und Einrichtungen interessante Erläuterungen. Leider fährt jedoch ein junger Mann hinter den Häusern damit fort, das Gras mit einem Motorrasenmäher zu schneiden. Der Lärm und die verstopfte Nase – man versteht nur jedes dritte Wort. Organisation made in Ireland fällt mir dazu nur ein. Dennoch höre ich einiges heraus, was ich bisher noch nicht wußte und was mir das Leben in den alten Tagen näher bringt. Niederschlagen tut sich das Gesagte vielleicht am Besten in den erstaunten Äußerungen einiger Besucher: »Was, in diese kleine Schublade haben sie alle ihre Kleidungssachen reinbekommen?«, oder »Die haben ja nicht mal alle ein eigenes Bett gehabt.« Die Einfachheit, in der die Menschen gelebt haben, ist für Außenstehende heute kaum nachvollziehbar. Daß manche Iren auf dem Lande immer noch so leben, wird mit keinem Wort erwähnt. Zugegeben, die Fenster sind heute größer, aber es gibt auch keine Fenstersteuer mehr, welche die Ursache für die winzigen Fensteröffnungen war. In manchem Cottage brennt auch heute noch das Feuer im großen Kamin in der Küche, Kleidung und Möbel sind weiterhin rar. Dafür gibt es inzwischen elektrischen Strom und oft auch einen Fernseher. Unterschiede zu früher sind vorhanden, doch einfache Lebensbedingungen und Armut sind immer noch weit verbreitet.

Nostalgie ist liebenswert und so faszinieren diese alten Dinge in dem Freilichtmuseum. Bemerkenswert fand ich, daß jener große Kupferkessel draußen zwischen den Häusern dazu benutzt wurde, den Haferbrei für das ganze Dorf zu kochen. Eine Gemeinschaftseinrichtung also. So etwas wäre heute kaum vorstellbar, wo jeder in erster Linie an sich denkt. Ein Besucher meldet auch sofort Zweifel an, nach dem Motto: »Wer es glaubt, wird selig.« Ich glaube es, sonst hätte die Frau mit der verstopften Nase es nicht erzählt. Als ich in der Jugendherberge eintreffe, herrscht dort reges Treiben. Einige sind dabei, ihre Betten zu beziehen, andere bereiten gerade ihr Abendbrot. Die vielen emsigen Leute sind ein ungewohntes Bild im Vergleich zu den Bed & Breakfast-Unterkünften, die ich bisher kennengelernt habe und wo ich meist der einzige Gast war. Ich komme gleich in Kontakt mit meinen Zimmernachbarn. Erfreulicherweise gehen auch die Leute in der Küche und im Aufenthaltsraum recht locker miteinander um. Das allgemeine Gesprächsthema sind die »heißen« Tips, die besonderen Plätze, Orte, Kneipen, die man unbedingt besuchen muß, wenn man sich nichts entgehen lassen will. Ich höre mir ebenfalls einige interessante Ziele heraus, jedoch liegen die Schwerpunkte anders, weil die meisten per Anhalter unterwegs sind und eher Ortschaften als Landschaften erkunden wollen. Beziehungsweise erkunden können. – Mir fällt nämlich erneut auf, welche tollen Möglichkeiten ich dank dem Mountain Bike habe. Ich kann bis in die entlegendsten Winkel vordringen. Als Tramper, zu Fuß oder auch mit dem Auto bleibt der Radius kleiner, als er mir möglich ist. Man hört deshalb meine Schilderungen mit großem Interesse und leichtem Bedauern, denn im Grunde zieht es alle in die Gegenden abseits der üblichen Reiserouten. Doch wie hingelangen, wenn dort keine Autos mehr fahren und es per Pedes zu weit ist?

Lustige Geschichten gibt es abends vor dem Einschlafen. John, ein Australier, erzählt von seinen Erfahrungen mit der irischen Zuverlässigkeit. John hat für ein Jahr als Bauarbeiter in diesem Land gelebt. Nahezu alles, was mit Terminen, Lieferungen, Plänen, Verabredungen oder Vereinbarungen zusammenhing, ging schief. Jedenfalls aus der

128

Sicht eines Menschen, der Pünktlichkeit und Zuverlässigkeit gewohnt ist. Die Iren kommen damit leichter klar, für sie gehört es zum Alltag, etwas später zu beginnen als es ursprünglich ausgemacht war. Außerdem verläßt sich niemand zu sehr auf andere, auch wird nicht zuviel im Voraus geplant. Wenn man dabei ist eine Arbeit zu verrichten, so führt man sie so gut es eben möglich ist aus und freut sich über jede Mithilfe, aber man denkt dabei wenig an die Arbeit von morgen. John versuchte sein Glück mit der Arbeit auf selbständiger Basis, doch er scheiterte. Diesem anderen Rhythmus war er nicht gewachsen. Nun durchreist er noch einmal das Land, bevor er ihm den Rücken kehrt, und belustigt seine Mitmenschen unterwegs mit Geschichten, die er noch nicht ganz verdaut hat. Geschichten, die für andere das Salz des Lebens sind, ihn aber haben scheitern lassen. Poor John.

Am nächsten Morgen werde ich zeitig geweckt, viel früher als mir lieb ist. Die vielen Leute machen einen Haufen Krach, wenn sie ihr Frühstück bereiten. Kein Herz für Langschläfer in diesem Haus, früh am Morgen könnte ich einen lauten Fluch auf Jugendherbergen ausstoßen.

Der Tag ist also noch jung als ich auf dem fertig gepackten Bike sitze. Zum Glück lacht die Sonne vom Himmel und läßt mich den Ärger über den morgendlichen Lärm bald vergessen. Mein Ziel sind die Höhlen von Maghera, sie liegen ungefähr einen halben Tagesritt von Glencolumbkille entfernt. Maghera soll eine kleines Dorf an der Loughros Beg Bay sein, östlich vom Slieve Tooey gelegen. Es wurde mir gestern abend in der Herberge wärmstens empfohlen.

Der Weg beginnt bald recht eintönig zu werden. Torf soweit das Auge reicht, eine Hochebene ohne Ende. Seit Kilometern ist kein Haus mehr zu sehen, nicht mal Ruinen lassen sich in der Einöde ausmachen. Hier wohnt niemand und hier scheint auch noch nie jemand gewohnt zu haben.

Wovon hätte er auch leben sollen? Torf kann man nicht essen, und das harte, stachelige Gras, das auf seiner Oberfläche wächst, ernährt höchstens ein paar Schafe. Dies sind auch die einzigen Lebewesen, die ich weit und breit sehen kann. Ab und zu begegnen mir ein paar Autos. Keine Wiese, kein Baum, kein Strauch – eine braungrüne Wüste, andere Assoziationen lassen sich nicht finden. Gelegentlich ein paar Farbflecke: Dort steht in Plastiksäcke gepackter Torf zum Abholen bereit. Bei einer Rast schaue ich mir den Torf näher an. Hier oben wird noch von Hand gestochen. Die trockenen Stücke sind extrem leicht und von auffallend heller Farbe. Das ist kein Qualitätszeichen, denn guter Torf ist schwer, hart und tiefschwarz. Ein armes Land ist das hier oben.

Die Straße will kein Ende nehmen. Meine Wüsten-Assoziation wird durch die Sonne verstärkt, sie brennt gnadenlos vom Himmel herunter. Die Hitze drückt auch auf das Land, der herb-würzige Geruch von trocknendem Torf macht sich breit. Er erinnert mich an Guinness. Das Bier riecht ebenso herb-würzig wie trocknender Torf. Bedenkt man noch die Gemeinsamkeit der dunklen Farbe, so kommen Vermutungen auf, warum der schwarze Gerstensaft auf der grünen Insel so beliebt, ja fast zu deren Wahrzeichen geworden ist. Guinness und Torf – beides gibt es in Irland zur Genüge. Nicht daß ich eine Fata Morgana vor mir sehe, aber wie ich so über die Straße schnurre, spinnen sich die Gedanken über Guinness und Torf weiter. Trocknender Torf verleiht ein angenehmes Gefühl. Der Geruch besagt, daß berechtigte Hoffnungen bestehen, ausreichend Brennstoff für den Winter vorrätig zu haben. Die langen Abende an einem warmen, gemütlichen Kamin. Draußen heult der kalte Wind. Eine gute Torfernte ist deshalb enorm wichtig. – Als Mensch, der daran gewohnt ist, fast alles zu kaufen, macht man sich das oft gar nicht klar. Den Torfbauern muß ein besonderes Hochgefühl befallen, wenn er diesen Geruch wahrnimmt, denn die Ernte ist damit fast sicher. Kein Wunder, daß das besagte Bier so viel Gefallen findet, es erinnert an dieses Hochgefühl, erinnert an gute Zeiten. Und wenn die Ernte schlecht ausgefallen war, so tröstet es stilvoll über den Mißerfolg hinweg. Guinness heizt von innen.

Die Torfernten können auch ins Wasser fallen, ich habe das in früheren Jahren schon gesehen. Erst wurde er mühsam aufgeschichtet, dann begann es zu regnen und die schwarzen Würste hatten keine Chance mehr, trocken zu werden. Sie weichen auf, verlieren ihre Gestalt und fallen auseinander. Irgendwann sind sie dem Boden wieder gleichgemacht. All die Arbeit und die Hoffnungen waren umsonst, die Aussichten für den kommenden Winter sind miserabel. Da freut man sich über ein Jahr wie dieses, in dem der Guinness-Geruch in der Luft liegt.

Immer noch ist kein Ende der Ebene in Sicht, weiterhin kein Haus oder menschliches Leben. Ich habe das Gefühl, mich verfahren zu haben. Vorhin ging ein kleiner Weg nach links ab, ohne Zeichen oder Richtungsschild. Vermutlich war das mein Weg nach Maghera. Jedenfalls warte ich dauernd auf eine Abbiegung, doch diese scheint nicht aufzutauchen. Was nun? Egal. Ich fahre weiter, irgendwo wird mich die Straße schon hinbringen. Unter Zeitdruck stehe ich nicht. Ärgerlich oder besser gesagt bedauerlich ist nur, daß meine Trinkflasche bei den vielen Gedanken an das Guinness leer geworden ist und ich allmählich richtig durstig werde. Das ist beim Radfahren unangenehm, denn es bedeutet, daß man bald ausgebrannt ist und keine überwältigenden Leistungen mehr bringen kann. Ich kann nur hoffen, daß bald mal ein Haus auftaucht oder ein sauber erscheinender Bach, an dem ich mich erfrischen und meine Trinkflasche auffüllen kann.

Inzwischen geht das Philosophieren weiter. Unter Umweltschützern hört man häufig die Forderung, daß die Torfgebiete unberührt bleiben sollen, um sie für das Überleben bestimmter Tier- und Pflanzenarten zu erhalten. Ich stimme dem im Prinzip zu, denn statistisch gesehen wird allgemein mehr Torf geerntet, als nachwachsen kann. Bei solch einer Entwicklung ist man irgendwann auf dem Nullpunkt angelangt, an dem es tatsächlich keinen Torf mehr gibt. Doch ein Stop für die Ernten kann ich nicht allgemein unterstützen, sondern nur da, wo echter Raubbau mit einer Torflandschaft betrieben wird, wo sie wirklich systematisch zerstört wird. Solche Flächen habe ich gesehen, gigantische Maschinen tragen dort das ganze Jahr über die schwarze Masse ab. Und auch im kleineren Maße werden Fehler begangen. Beispielsweise wenn tiefe Einschnitte oder Gräben angelegt werden, die ein Torfgebiet trockenlegen. Doch dem kleinen Mann kann ich sein Jahrhunderte altes Recht auf das Beernten seiner Torfbank nicht absprechen. Er ist auf dieses Heizmaterial angewiesen und wenn ich diese riesige Ebene hier seh, so verkraftet sie es sehr wohl, daß sie hier und da ein wenig abgetragen wird. Es sind nur wenige Stellen, an denen geerntet wird, für Flora und Fauna bleibt genügend Lebensraum. Kritisch wird es erst, wenn hier in großem Stil abgebaut werden soll; im jetzigen Rahmen sind die Ernten hier durchaus vertretbar. Soweit beurteilt dies mein halbgebildeter Laienverstand und ich kann mir vorstellen, daß ich mit meiner Meinung nicht allein dastehe, zumindest nicht mit dem Urteil über diese Ebene, über die ich gerade fahre.

Endlich kommt meine Erlösung. Ein paar Bäche bilden einen Fluß und mit ihm stoße ich auf die ersten Häuser, die ich nach Stunden zu Gesicht bekomme. Zeit für eine erfrischende Pause. Einen Mann, der seinen hysterischen Hund zurückruft, frage ich nach dem Weg. Tatsächlich stellt sich

Der Glengesh Paß.

heraus, daß ich meine Abfahrt nach Maghera verpaßt habe. Ich befinde mich kurz vor dem berühmten Glengesh Paß und damit nicht fern von der Ortschaft Ardara. Kein Grund zum Verzweifeln: Maghera läßt sich auch von dieser Seite aus erreichen, den Umweg werde ich verkraften.

Zu den Höhlen von Maghera

Der Glengesh Paß ist ein Erlebnis! Aus der Hochebene kommend windet sich die Straße über Kilometer bis aufs Meerniveau hinab, teilweise wird es so steil, daß ich kräftig die Bremsen ziehen muß. Die Ausblicke sind einmalig, die Berge rechts und links haben alpinen Charakter, auch wenn sie nicht so hoch sind. Der Paß ist für seine Schönheit bekannt, ich kann dies bestätigen. Es würde mich reizen, ihn einmal in der entgegengesetzten Richtung, bergauf also, ohne Gepäck zu erradeln. Ich bin gespannt, wieviele Pausen ich einlegen müßte. Vielleicht ergibt sich noch eine Gelegenheit dazu, jetzt will ich jedoch erst einmal nach Ardara und mich nach einem kräftigen Essen umsehen.
In Ardara liegt unglaublich viel Müll auf den Straßen. Ein Plakat an einem Baum klärt mich auf. Das Sommerfestival hat gerade stattgefunden, und offensichtlich hat sich der Straßenkehrer noch nicht um alle Eispapiere, Bierbüchsen, Kartoffelchipstüten oder was auch immer kümmern können. Da hinten sehe ich ihn, seine Tonne auf Rädern ist bereits voll, und er fegt und fegt und ist redlich bemüht. Er könnte Hilfe gebrauchen, damit er fertig wird, bevor es wieder windiger wird und der Festivalsmüll in die Landschaft geweht wird.
Die einzige Möglichkeit für eine kräftige Mahlzeit besteht in einem Imbiß. Die Verkäuferin erzählt mir mit einem glücklichen Lächeln in den Augen, daß einiges auf ihrer Speisekarte dank dem Festival ausverkauft ist und ich lächle wohl ebenso glücklich zurück, denn ich kann davon ausgehen, halbwegs frische Sachen vorgesetzt zu bekommen. In kleinen Imbißhallen bin ich immer sehr skeptisch, denn manchmal hat ein Besuch dort zu ungewohnten Magenver-

134

stimmungen geführt. Ein Risiko, das ich ungern eingehe. Wie ich hörte gibt es in Maghera keine Einkaufsmöglichkeit. Also decke ich mich mit den notwendigsten Dingen ein und besteige das Bike für die letzten zehn Kilometer an diesem Tag. Der Weg führt direkt an der Bucht entlang, die sich bis nach Ardara ins Land erstreckt. Es scheint Ebbe zu sein, denn das Wasser hat sich bis auf eine Flußrinne weiter draußen in der Bucht zurückgezogen. Fischfarmen scheinen ein neuer Trend in Irland zu sein, gelegentlich schon habe ich solche Gehege im Wasser gesehen, in denen Fische zum Verzehr und zur Zucht gehalten werden – wie Vierbeiner oder Federvieh im Stall. Natürlich müssen die Fische gefüttert werden. Womit, möchte ich lieber gar nicht erst wissen. Es sind also beileibe nicht alles frei gefangene Fische, die man heutzutage zu kaufen bekommt, das Bild vom Fischer mit seinem Netz muß mit dem Mann mit der Futtertonne ergänzt werden. Für Romantik sind auch in Irland immer weniger Plätze vorhanden.

Ein Stück weiter treffe ich wieder auf »Romantik total«. Irland ist eben auch ein Land der Kontraste, der Abwechslungen und Überraschungen. Nicht weit von der Küstenlinie entfernt liegt eine kleine Insel in der Bucht. Für ein Haus ist sie zu klein, aber für ein paar Kartoffelreihen ist sie groß genug. Die Erde muß recht fruchtbar sein, jedenfalls hat dort jemand tatsächlich Kartoffeln angebaut. Bei Ebbe kann man hinlaufen, wenn Flut ist braucht man ein Boot. Einen Zaun kann sich der Bauer sparen, die Schafe werden ihm den Acker kaum zertreten können. Ob er die Ernte mit dem Boot oder per Karren heimbringt? Die Szene gefällt mir, am liebsten würde ich ihren Ausgang abwarten.

Maghera besteht nur aus einer handvoll Häusern, die zwischen Bergen und sandigen Dünen geschützt stehen. Ein eindrucksvoller Platz, er erinnert mich an einsame Orte hoch oben in Skandinavien am nördlichen Eismeer. Ich will

hier gerne bleiben, doch leider sieht es mit Übernachtungsmöglichkeiten schlecht aus. Mal sehen, was sich ergeben
wird. Eine Wiese kann ich ausmachen, die als Parkplatz für die
Besucher der Höhlen und des Strandes zu dienen scheint.
Sie ist jedoch leer, trotz nach wie vor schönstem Wetters. An
einem Haus entdecke ich eine Schild:»Teashop«, steht dort
geschrieben, doch leider ist niemand zu Hause, der mich
bewirten könnte. Ein paar Kinder kommen lachend ins
Dorf gerannt. Auf meine Frage nach einer Unterkunft zuk-
ken sie die Achseln, ein Problem, daß sie noch nicht kennen. Ein Mann mit einem Trecker bringt gerade Heu nach
Hause. Auch er kann nur mit den Achseln zucken und
verweist mich nach Ardara, dort gibt es alles, sogar ein
Hotel. Schlechte Aussichten für eine Bleibe für die Nacht.
Etwas abseits in einer Senke vor den Dünen verstecke ich
meine Packtaschen unter einem Ginsterbusch, ich will kurz
einmal zum Strand vorradeln und vielleicht noch den einen
oder anderen kleinen Holperweg erkunden, der irgendwo
ins Hinterland führt. Der Strand überrascht mich, er ist mit
Abstand der breiteste, den ich jemals gesehen habe. Es
dürfte überhaupt keine Probleme bereiten, hier einen echten Wüstenfilm zu drehen. Der Sand ist zu locker um zu
fahren, also lasse ich das Bike liegen und laufe. Es vergeht
tatsächlich eine knappe halbe Stunde, bis ich vorne am
Atlantik bin, eine unvorstellbare Weite. Und wieder das
gleiche Bild: Der Strand ist menschenleer. Erst als ich
zurücklaufe kommt mir eine einsame Spaziergängerin entgegen.
Im Dorf macht sich langsam die Abendstimmung breit, es
wird noch ruhiger. Ich fahre einen kleinen Treckerweg
entlang, der irgendwo in die Berge führt. Als ich gerade
umdrehen will, steht plötzlich ein lustig aussehender alter
Mann vor mir. Er grinst verschmitzt, als ich ihn nach einer

136

Idee für eine Übernachtungsmöglichkeit frage, und lädt mich zu einer Tasse Tee bei sich zu Hause ein. Er wohnt, wie er sagt, zwei Wiesen weiter über einem Bach und dann noch einmal etwa eine halbe Meile am Bergsaum entlang in einem kleinen Cottage mit bunten Fenstern. Ich kann auch von Maghera aus kommen, da ist es einfacher zu finden. Mein Herz jubelt, ich könnte dem guten Mann um den Hals fallen, das hört sich fast so an, als wäre mein Übernachtungsproblem gelöst.

Tatsächlich ist schon alles vorbereitet, als ich bei dem Alten eintreffe. Seine Frau hat das Bett in einem Nebenraum freigeräumt, das seit langem nicht mehr benutzt wurde, weil die Kinder jetzt selber Kinder haben und nicht mehr so oft zu Besuch kommen. Ich freue mich und bin vor Rührung so unbeholfen, daß kaum die richtigen Worte über meine Lippen kommen. Entspannen kann ich mich erst, als wir vor dem großen Kamin in der Küche sitzen und der Tee in der Tasse dampft.

Eine urige Küche ist das, genau wie ich sie gestern nachmittag im Museum in Glenkolumbkille bewundert habe. Die einzigen Indizien der Neuzeit sind ein einfacher Gasherd, ein Fernseher und ein paar Tütensuppen auf einem Regalbrett. Im großen Kamin lodern einige Planken, die wohl am Strand gesammelt wurden. Daneben steht ein Korb mit Torfstücken. Die Wände und die Decke im Raum sind vom Rauch geschwärzt, der beißende Geruch ist unverkennbar. Wir sitzen auf einfachen Stühlen, das zweisitzige Sofa ist von einem schlafendem Hütehund besetzt. Ich fühle mich fremd in dieser Küche und dennoch ausgesprochen wohl.

Mein Bike und meine Reise interessiert die beiden weniger. Vielmehr wollen sie wissen, ob ich verheiratet bin und ob ich Kinder habe. Sie sind recht stolz darauf, daß sie inzwischen fünfzehn Enkel haben, ihre eigenen Kinder leben in aller Welt verstreut. Ansonsten werde ich wenig ausgefragt, was eigentlich sehr angenehm ist. Doch ich selber würde gerne viel mehr über die Lebensumstände der beiden wissen, als ich daraufhin zu fragen wage. Meine Zurückhaltung kommt letztendlich doch ans Ziel. Im Laufe des noch langen Abends erfahre ich, daß Sean eine gute Anzahl Schafe irgendwo in den Bergen weiden hat, die ihm viel Arbeit machen und wenig Geld einbringen. Mary kümmert sich um den Haushalt und um das Federvieh. Sie erzählt mir stolz, wie erfolgreich dieses Jahr die Brutergebnisse ihrer Enten und Gänse waren, die sie neben der großen Hühnerschar hält. Daher die vielen Eier auf der Fensterbank. Ferner bilden einige Reihen Kohl und Kartoffeln die Grundlage zum Leben. Die beiden wirken zufrieden mit ihrem Dasein. Es könnte schlechter sein als es ist – so drücken sie es selber aus. Mich beeindruckt ihre Einstellung zu vielen Sachen, die sie mit dem auskommen läßt, was gerade da ist. Sie streben nicht nach immer neuen, größeren Dingen, sondern begnügen sich mit ihrem kleinen, bescheidenen Rahmen. Diese Einstellung scheint eine dankbare Angelegenheit zu sein, schade daß sie allgemein so in Vergessenheit geraten ist. Ich will damit nicht sagen, daß es gut wäre, sich dankbar in eine Misere zu fügen. Das tun auch Sean und Mary nicht. Wenn Mißstände auftreten, so versuchen sie diese zum Positiven zu verändern. Was ich meine ist das Streben nach ständig neuen Luxusgütern. Für sie wird eine hoher Preis verlangt, denn es müssen enorme Gelder und andere Opfer aufgebracht werden. Sean und Mary haben keine hochgesteckten Wünsche, sie arbeiten genug und wollen lieber die Zeit für ein Schwätzchen und eine Tasse Tee behalten. Mit Milch und Zucker, gemütlich und wann immer es ihnen beliebt. Ihre eignen Herren wollen sie sein. Ich kann das verstehen und freue mich, wie konsequent sie das durchziehen. Unsere Unterhaltung geht

138

noch bis tief in die Nacht. Glücklich darüber, daß es solche Menschen noch gibt, schlafe ich endlich ein.

Der nächste Tag bringt einen Wetterwechsel. Der sonnige Sommer, der so lange angehalten hat, ist verschwunden und hat kalten Küstennebeln Platz gemacht. Die Sichtweite variiert und beträgt oft weniger als hundert Meter. Dichte nasse Schwaden treiben vom Meer kommend landeinwärts und verteilen sich in den Bergen. Die Landschaftsbilder wechseln dramatisch. Das Ganze hat einen ungewöhnlichen Reiz und erinnert mich daran, daß das Wetter in Irland bekanntermaßen oft recht launisch und naß sein kann. Ganz im Gegensatz zu den letzten drei Monaten, die wegen ihrer anhaltenden Trockenheit bestimmt in die Geschichtsbücher eingehen werden. »Oh nein«, sagt Mary dazu, »vor fünf Jahren war es mindestens ebenso trocken und einige Jahre zuvor auch. Ich erinnere mich an die hervorragenden Heuernten und was für eine Betrieb hier manchmal an den Wochenenden war mit Leuten, die zum Baden kamen. Wir Iren, wir reden immer alle gerne über den Regen und deswegen glauben alle Menschen, daß es bei uns immer regnet. Ganz so schlimm ist nun doch nicht, wie du gerade erleben durftest.« An dieser Aussage muß etwas Wahres dran sein.

Die Höhlen von Maghera will ich trotz der schlechten Sichtverhältnisse besuchen, doch Sean erklärt mir, daß sie nur bei Ebbe zu erreichen sind. Während der Flut sind sie mit Wasser gefüllt. Ich muß also bis zum Nachmittag warten. Gespannt verfolge ich die Wettervorhersage im Radio, die besagt, daß die Nebelverhältnisse an der Küste und in den Bergen nicht nur heute sondern auch in den nächsten Tagen anhalten werden. Das sind schlechte Voraussetzungen für meine weitere Tour, auf halbwegs gute Sichtverhältnisse hatte ich schon gehofft. Doch ich werde es sehen, ob diese Vorhersage überhaupt zutrifft, schließlich irren sich die Wetterdienste auch oft genug.

Die Zeit bis zum Nachmittag vertreibe ich mir mit einer Spritztour in die nebelverhüllten Berge. Gestern abend schon hat mich jener Weg gelockt, den ich eigentlich von Glencolumbkille aus nehmen wollte, aber irgendwie verpaßt habe. Er führt stetig und steil bergauf, gerade so, daß man ihn ohne allzu viele Pausen mit dem Bike hochradeln kann. Der Nebel ist eine spannende Abwechslung, dieses feuchtkühle Element wirkt zunächst recht erfrischend. Wie in einer Glocke bewege ich mich fort, ich radle im Zentrum und kann gerade fünfzig bis manchmal hundert Meter weit schauen. Gefangen in den grauen Schwaden, das Ziel ist das unbekannte Nichts. Nach einer Stunde bin ich vermutlich im oberen Bereich der Berge angelangt. Genaues kann ich aber nicht sagen, weil die Nebelglocke mich um so enger einschließt. Schade, ich habe das Gefühl mir entgeht etwas. Nach einer Weile wird das Fahren mit dem beengten Blickfeld langweilig und als ich an eine Wegkreuzung gelange, drehe ich kurzerhand um, bevor ich mich jetzt fernab jeglicher Behausung verfahre. Die Abfahrt im Nebel wird schwierig und gefährlich, denn wenn das Tempo zu hoch wird, kann ich nicht mehr sehen, was vor mir los ist. Die Sichtweite ist zu gering. Also müssen die Bremsgummis ordentlich strapaziert werden. Schon wieder stellt sich das »Schade-Gefühl« ein, denn die Abfahrt würde in ungezügeltem Tempo riesigen Spaß machen. Nun ja, das sind die Erfahrungen einer Nebeltour. Schon bald schmerzen mir die Hände vom dauernden Bremsen. Ich bin froh, als die ersten Häuser von Maghera vor mir auftauchen und meiner kleinen Odyssee ein Ende setzen. Hoffentlich ändert sich die Wetterlage in den nächsten Tagen wieder.

Am Nachmittag dann der Ausflug zu den Höhlen. Sie sind querfeldein über die Berge oder über den weiten Strand zu erreichen. Ich lasse das Bike wieder liegen, denn auch die

Berge sehen so aus, als ob ich das Bike dort mehr schiebend als fahrend fortbewegen muß. Als ich bei den Höhlen ankomme, muß ich feststellen, daß ich gestern abend bei meinem Spaziergang schon fast vor ihnen stand, ohne es jedoch zu bemerken. Dabei sind sie gar nicht so klein, daß man sie ohne weiteres übersehen kann. Manche Eingänge haben etwa die Höhe eines Hauses. In der riesigen Felswand verschieben sich die Maßstäbe. Wie viele Höhlen es insgesamt sind, kann ich nicht genau ausmachen, denn einige Eingänge liegen weiterhin im Wasser, die vorderen drei kann ich jedoch bequem erreichen. In eine kann man mit einer Taschenlampe ziemlich weit hineingehen, man sollte sich aber vergewissern, daß man rechtzeitig vor der Flut wieder draußen ist. Alljährlich passieren an der irischen Küste immer wieder Unglücke, weil Leute die wichtigsten Vorsichtsregeln mißachten. Auch die Höhlen von Maghera sind einfach so belassen, wie sie es immer schon waren. Besucher dürfen keine Sicherheitsvorkehrungen erwarten oder gar eine Innenbeleuchtung oder Ausbauten, wie man sie sonst häufig von solchen Sehenswürdigkeiten kennt. Auch das Angebot einer Führung wird man vergeblich suchen. Beim Besuch der Höhlen ist man auf sich selbst angewiesen und muß eigenverantwortlich handeln. Auch wenn man nicht tief in sie eindringen will, einen Abstecher sind sie in jedem Fall wert, denn Maghera ist ein eindrucksvoller Platz.

In großen Gängen durch den äußersten Nordwesten

Der Küstennebel hält tatsächlich an. Dicht, feucht und kalt. Ich ergreife die Flucht und versuche landeinwärts mein Glück. Die Blue Stack Mountains sind mein nächstes Ziel. Auf der Fahrt dorthin lichtet sich der Nebel, es bleibt jedoch diesig und bedrückend. Und so empfangen mich die Berge. Ich finde eine gute Unterkunft, entdecke einige interessante Mountain-Bike-Routen, doch ich werde rast- und ruhelos. Ich radle viel ab, doch ich will nirgendwo bleiben. Was ist los mit mir? Hat mich die Sonne verwöhnt, daß ich mich so leicht niederdrücken lasse? Ich weiß nicht, was mich vorwärts treibt, aber ich beginne Kilometer zu fressen, will noch so viel sehen und hoffe irgendwo dem diesigen Wetter zu entgehen. So besuche ich in den nächsten Tagen den Slieve Snaght, begebe mich auf die Suche nach dem Ulster Way, versuche vergeblich den berühmten Errigal zu erklimmen, fahre hoch zum Horn Head, und weil die Bedingungen an der Küste besser geworden sind radle ich dort über die Bloody Forelands und die Rosses wieder südwärts. Schöne Ecken mit eigenem Charakter sind das alles, und überall gab es mindestens eine gute Möglichkeit für eine ausgedehnte Mountain Bike-Tour. Mitunter war der Schwierigkeitsgrad allerdings recht hoch, so daß es keine Touren für jedermann waren. Viele Berge in Donegal sind eine Herausforderung, sogar für jene, die das Extreme lieben. Dies sei gesagt, damit sich niemand mit den falschen Erwartungen und seinem Bike auf die Reise macht. Die Berge sind steil, die Wege rauh und oft genug muß man sich querfeldein weiter behelfen. Gebiete, in denen sich viele interessante Routen finden lassen, mit denen man

142

Am Lough Eske wachsen die Bäume sogar aus dem Schornstein.

143

Einsame Ritte in Donegal.

mehrere Tage verbringen kann, konnte ich nicht entdek-
ken. Die Möglichkeiten sind also eher als beschränkt zu
bezeichnen. Als Vergleich sehe ich die Lough Allen Region
im County Leitrim vor mir, in der ich viele Wochen verbracht habe und immer wieder neue Routen befahren
konnte, die so abwechslungsreich waren, daß ein Gefühl
der Langeweile nie aufkam. So etwas gab es in ganz Donegal nicht, obwohl auch dieses County eine Reise wert ist.
Besonders im nachhinein muß ich sagen, daß mich die
wilde Küste und die einsamen Hochebenen zutiefst beeindruckt haben. Donegal bleibt einzigartig, und wer noch nie
in Irland war, der wird dort seine Freude haben.
An die Lough Allen Region denkend, fällt mir Annette ein,
die mir damals die vielen Tips und Tourenvorschläge gab.

144

Sie bat mich, sie von unterwegs mal anzurufen und ihr ein paar Zwischenergebnisse meiner Erkundungen durchzugeben. Schließlich war sie selber am Mountain Biking interessiert. Gedacht getan. In Dunglow stehe ich vor einem öffentlichen Telefon. Irische Telefonzellen sind ein Kapitel für sich. Nicht daß sie dauernd kaputt sind, nein das geschieht nur gelegentlich. Doch sie sind stets besetzt. Und vor ihnen wartet eine Traube von Menschen. Man muß sich viel Zeit nehmen, denn eilig hat es niemand. Doch das Warten macht Spaß, es ergeben sich immer Gelegenheiten für ein kleines Schwätzchen. Als ich Annette an der Strippe habe, ruft sie mir gleich ganz aufgeregt durch den Hörer entgegen, daß ich mal zusehen sollte, ob ich nicht noch einmal in ihrer Gegend vorbeikommen könnte, sie hätte eine riesengroße Überraschung für mich, über die ich mich bestimmt freuen werde. Mehr ist aus ihr nicht herauszubekommen. Wenn ich kommen will, sei die Überraschung in einer Woche da, so sagt sie noch, und ich müßte mich entscheiden. Neugierig, wie ich bin, sage ich zu. In einer Woche wird sich also das Rätsel lösen, ich bin gespannt.

In den nächsten Tagen fahre ich in kleinen Etappen in die Richtung von Sligo, möglichst dicht an der Küste entlang. Der Nebel ist verschwunden, und ich bin unendlich glücklich darüber, denn nun können die Landschaften sich in ihrer vollen Schönheit zeigen. Welch ein Unterschied zu den grauen Tagen zuvor, als alles in die feucht-kalten Wolken gehüllt war!

Wie ich so auf kleinen Küstenwegen entlangradle, entdecke ich nördlich von Sligo eine große Landnase, die sich weit ins Meer hinaus erstreckt und deshalb erwähnenswert ist, weil es sich dort dank der vielen kleinen Wege ausgezeichnet radeln läßt. Die Gegend ist zwar flach, doch das Mountain Bike erweist sich als sehr praktisch, wenn man mal eine Abkürzung über eine Wiese nehmen will. Auf dieser

Der Ben Bulben.

Landnase befindet sich auch das berühmte Lissadell House, das Herrenhaus der Familie Gore Booth, die einige Mitglieder hervorbrachte, welche durch ihr soziales Engagement später bekannt wurden. So die Gräfin Constance Markievicz. Sie war eine wichtige Person, nicht nur während der Jahre um die Osteraufstände von 1916. Als erste Frau in einem westlichen Parlament ging sie in die Geschichtsbücher ein, jedoch nahm sie diesen Sitz nicht wahr: Das Parlament war das Englische und Constances Partei, die Sinn Fein, schickte ihre Leute nicht dorthin, weil sie diese Regierung, die so viel Schlechtes über Irland brachte, nicht anerkannte. Zudem sperrten die Briten Constance für einige Zeit ins Gefängnis, so daß sie auch deshalb gehindert war, ihren Parlamentssitz wahrzunehmen. Dafür beklei-

146

dete sie das Amt der Arbeitsministerin im ersten, damals noch illegalen Kabinett der Republik Irlands. Eine Ehre, die zeigt, wie wichtig und engagiert die Gräfin in jenen Tagen war. Im Lissadell House ist man mit Recht noch heute stolz auf diese Frau, und gerne erzählt man bei der Führung etwas aus ihrem Leben. Da jedoch auch viele englische Gäste zu den Besuchern zählen, werden die Geschichten bedauerlicherweise entschärft und damit leider um ihre politische Bedeutung gebracht; das ist höflich, aber schade. Mit einigem Glück mag es durch hartnäckiges Fragen mitunter gelingen, etwas mehr aus der alten Dame herauszulocken, die die Geschichten vorträgt. Ich vermisse bei ihr etwas von der alten Tradition dieses Hauses. Trotzdem ist das Lissadell House einen Besuch wert, und sei es nur, um mal einen Blick in die Kuriositäten und die Lebensweise in solch einem Herrenhaus zu werfen.

Spaß macht mir auch der Wald rings um das Lissadell House. Zu dem teilweise noch sehr alten Baumbestand gehören jene immergrünen Eichen, die auch in Irland selten geworden aber immerhin noch anzutreffen sind. Außerdem jene immergrünen Stechpalmen, die hier mitunter riesige Ausmaße annehmen. Zum Meer hin stehen viele Buchen, Erlen und Weiden, ich genieße den Bike-Ritt durch das rauschende Grün. Draußen in der Drumcliff Bay tummeln sich die Seerobben auf einer Sandbank, ein Bild, das meine Begeisterung komplett macht.

Neue Perspektiven für die härtesten Bedingungen

Eine Woche später trudle ich gemäß unserer Verabredung bei Annette ein. Sie will mir immer noch nicht verraten, was für eine Überraschung da auf mich wartet, sondern fragt mich nur, ob ich etwas sauberes zum Anziehen übrig hätte. Morgen sei der große Tag, an dem das Rätsel gelüftet würde, und dafür müsse ich mich fein machen. Nun beginne ich vollends neugierig zu werden. Was in aller Welt geht hier vor?

Später am Abend zeigt meine nervende Fragerei ihren Erfolg. Annette beginnt mich aufzuklären:»Als du das letzte Mal weggefahren bist, begann ich mir zum wiederholten Male über unsere Gegend Gedanken zu machen. Über unsere Gegend und wie man sie ein wenig mehr entwikkeln könnte, um etwas vom Fremdenverkehrstrubel abzubekommen, und sei es nur ein kleines Scheibchen vom großen Kuchen. Irgendetwas in dieser Richtung muß hier geschehen, sonst sind in den nächsten Jahren die Leute samt und sonders ausgewandert. Fremdenverkehr bringt Geld und Erwerb, wir haben darüber schon geredet. Ich bin auch nach wie vor davon überzeugt, daß wir damit nicht überrannt werden und daß es uns und unsere Gegend nicht so grundlegend verändern wird, wie dies in anderen Gegenden geschehen ist. Der Haupttouristenstrom wird weiterhin am Atlantik entlangziehen. Soweit zu den Sorgen, die wir das letzte Mal formuliert haben, und auch wenn ein Risiko bestehen bleibt, so muß es eingegangen werden, denn irgendetwas muß geschehen. Kurzum: Ich halte es für eine gute Idee, den Sport des Mountain Bikings in der Lough Allen Region etwas voran zu bringen. Du hast selber festgestellt, wie fantastisch die Berge rings um den See dafür geeignet sind, und ich schließe mich dem aus eigener Erfahrung an. Nun trat ich mit der Fahrradfirma Raleigh in Kontakt und diskutierte die ganze Angelegenheit mit ihnen. Raleigh ist die bekannteste Marke für Qualitätsräder in Irland und sie haben auch ein interessantes Angebot an Mountain Bikes. Du fährst selber eins und bist hoffentlich immer noch zufrieden damit. Als ich Raleigh gegenüber erwähnte, daß du gerade wochenlang in der Gegend warst und deren Mountain Bike-Tauglichkeit geprüft hast, und daß du weiterhin mit dem Bike durch Irland unterwegs bist, da schlug der Mann von Raleigh spontan vor, dir eines ihrer besten Bikes zu verehren. Als Auszeichnung für deine Pionierarbeit gewissermaßen, denn das sportliche Mountain Biking ist in Irland noch weitgehend unbekannt. Ich habe daraufhin täglich auf deinen Anruf gewartet und gehofft, daß du ihn nicht vergessen hast, damit dich diese Auszeichnung auch tatsächlich erreichen kann, denn es ist ein schönes Geschenk: Das Bike heißt Appalachian, ist von Hand im Lightweight-Department der Firma in Nottingham gebaut worden, verwendet wurden edle Reynolds-Rohre für den Rahmen und die Gabel und ausgestattet ist es mit feinen Komponenten aus der Shimano Deore II-Gruppe. Ganz aktuell sogar mit dem neuen 21-Gang-Hyperglide-System. Ich denke, das wird dich reizen und freuen, zumal es dein bisher benutztes Bike um einiges übertrifft. Morgen soll es dir bei dem Raleigh-Händler unten in Drumshanbo feierlich übergeben werden. Einzige Bedingung ist, daß du für ein Foto für die regionale Zeitung posierst, das ist in Irland so üblich bei solchen Gelegenheiten und gilt gleichzeitig als «Danke schön». Der Fotograf ist für morgen um fünf bestellt, das Bike bereits geliefert, nun kannst du dich seelisch darauf einstellen und freust dich hoffentlich.»

Und wie ich mich freue! Ich kann es zunächst noch gar

nicht glauben, das ist ja wie Weihnachten und Ostern an einem Tag und das aus heiterem Himmel ohne jegliche Vorwarnung. Ein Bike, von dem ich bisher nur träumen konnte! Schade, daß ich keinen Champagner dabei habe. Doch wir finden trotzdem Gelegenheit, um zünftig im voraus zu feiern.

Am nächsten Nachmittag sind wir pünktlich im Ort und schauen bei dem Fahrradhändler rein, der mir gleich als Declan vorgestellt wird. Declan läßt seine angefangene Mopedreparatur liegen, um mit uns ein längeres Schwätzchen zu halten. Dabei stellt sich heraus, daß er von edleren Fahrrädern wenig versteht. Er ist auf Mopeds und billige Räder spezialisiert, nach dem Motto: Auch ein teures Fahrrad ist nur ein Fahrrad und jeder zusätzliche Gang bedeutet ein Problem mehr. Aber es ist dennoch lustig sich mit ihm zu unterhalten, denn er weiß sehr wohl, daß seine Ansichten nur seine Ansicht sind und keinen Anspruch auf allgemeine Gültigkeit erheben. Nach und nach treffen weitere Männer ein, unter anderem auch Father Tynan, der den großartigen Ordner mit den Wandertouren der Gegend zusammengestellt hat. Offensichtlich hat sich das Ereignis herumgesprochen, in einem Ort mit sechshundert Einwohnern geht es eben familiär zu. Einer der Männer greift das besagte Bike am Sattel und Vorbau und hebt es immer wieder hoch: »Leicht ist es ja, aber was ist daran so teuer?« Ein anderer unterbricht ihn irgendwann: »Was du da machst ist aber nicht die richtige Art, Fahrrad zu fahren. Dazu mußt du dich auf den Sattel setzen und mit den Füßen treten.« Alles lacht. Der Begutachter läßt mit rotem Kopf vom Bike ab, es ist allgemein bekannt, daß er gar nicht fahrradfahren kann. Ich mische mich in die Diskussion um das Bike wenig ein und denke nur: Auch wenn man ein Auto für den Preis bekommt, so ist es doch kein Neuwagen, und ob es wirklich besser als ein Billigbike ist, darüber können wir uns in zehn oder fünfzehn Jahren unterhalten. Die Versammelten haben solch ein Rad noch nie gesehen und bisher hatten sie auch noch nie etwas davon gehört. Entsprechend stehen sie davor und geben ihre Kommentare.

Die Erlösung kommt, als der Fotograf eintrifft, pünktlich nach irischer Zeit, also zwanzig Minuten zu spät. Die Leute geraten in Bewegung, schnell werden ein paar Plakate aufgehängt, wo ist denn nur das Trikot? Raleigh wollte doch ein Trikot mitschicken, damit das Foto möglichst werbewirksam wird. Kein Trikot zu finden, also machen wir es ohne. Declan zieht seinen ölverschmierten Overall aus, um sich fein zu machen, doch das Hemd darunter sieht nicht minder mitgenommen aus. Er beginnt einen Pullover zu suchen. Endlich findet er ihn und zum Glück ist er dunkelfarbig. Sein Zustand wird auf einem Schwarz-weiß-Bild nicht zu erkennen sein, stellt er erleichtert fest. Wir folgen den Anweisungen des Fotografen und gruppieren uns um das Bike. Bis alles stimmt: Zehn Minuten Hände schütteln mit Declan, dem Raleigh-Vertragshändler. Mit auf das Foto wollen seine Tochter und ein Mechaniker, der bei ihm arbeitet. Alles in die Linse schauen, so die Bitte des Fotografen, sonst drücke er nicht ab. Und lächeln. Ich fühle mich wie im Mittelalter. Endlich ist es ausgestanden und ich kann mich auf den Sattel schwingen, zur Jungfernfahrt auf meinem neuen Bike.

Welch ein Genuß! Das Hyperglide-System von Shimano ist ein erstaunlicher Fortschritt, die Kette wechselt blitzschnell und sogar unter Kraft. Bestechen tun auch die übrigen Deore Komponenten, sie sind solide gebaut und arbeiten wirkungsvoll. Die Reifen singen auf dem Asphalt, sie sind breit und für das freie Gelände bestimmt.

An einer ruhigen Stelle halte ich an und betrachte mir das Bike von nahem. Der Rahmen ist erstklassig verarbeitet, er

macht der Firma alle Ehre. Großartig auch die Wahl von Sattelstütze, Vorbau und Lenker. Den Sattel selber muß ich erst noch einreiten, aber das haben Qualitätssättel oft so an sich. Rundum ein großartiges Bike, Raleigh kann sich damit auf der internationalen Szene durchaus sehen lassen. Ich

Im wahrsten Sinne des Wortes: Über Stock und Stein.

153

bin auf meine nächsten Ausflüge gespannt, sie werden zeigen, was ich mit dem neuen Velo so alles anstellen kann.

Tatsächlich zeigen die nächsten Fahrten, daß ich mit dem neuen Gesellen viel schwierigeres Gelände meistern kann, als ich dies mit meinem alten Bike vermochte. In erster Linie sind es die dicken Reifen, die um einiges griffiger sind. Sie rutschen kaum noch durch und erlauben das Fahren fast überall. Zum anderen spüre ich die neue Rahmengeometrie, der Radstand ist um einiges kürzer und dadurch klettert das Bike wie eine junge Ziege. Zusammen mit der neuen Schaltung ist es ein Wunderbike. Nun ist es die eigene Kondition und nicht mehr die Technik, die mich am steilen Berg scheitern läßt. Auf geht's zu neuen Taten, ich habe noch ein paar Wochen vor mir.

Quer durch Mayo – Der Torf färbt das Gemüt

Ich kann es mir nicht verkneifen, erneut für ein paar Wochen in der Lough Allen Region zu bleiben, sie ist mir und meinen zwei Bikes ans Herz gewachsen. Die Tage verbringe ich nicht nur im Sattel, sondern ich beginne auch die kulturellen Ereignisse der Gegend zu besuchen. Da ist beispielsweise das Festival in dem kleinen Örtchen Keadue. In seinem Mittelpunkt steht traditionelle Volksmusik und

Annette zeigt mir stolz ihren Torf.

besonders Harfenmusik, denn der berühmte Komponist und Harfenspieler O'Carolan liegt hier begraben. Im Verlaufe einer Woche findet eine Vielzahl von Wettbewerben statt, in allen Altersgruppen und auf den verschiedensten Instrumenten werden die besten Spieler ihrer Kategorie ausgewählt. Entscheidungen, die nicht immer leicht zu fällen sind, denn das Niveau empfinde ich als hoch. Spaß macht es auch, den Tanzwettbewerben zuzuschauen. Irish Dancing ist eine ausgesprochene Fußakrobatik, so kommt es mir als Laien jedenfalls vor. Die besten Tänzer scheinen die zu sein, die am wenigsten hüpfen, oder besser gesagt, wo der Kopf sich am wenigsten auf und ab bewegt, denn die Füße vollziehen ihre Schritte in rasendem Tempo.

Mein persönlicher Höhepunkt auf diesem Festival war ein Wettbewerb besonderer Art: Das Tanzen auf der Tür. Door dancing hat eine lange Tradition, denn früher war der Fußboden in den Küchen der irischen Cottages oft dermaßen uneben, daß kunstvolles Tanzen schlicht unmöglich war. Also hob man eine Tür aus den Angeln, legte sie auf den Boden und fertig war das Tanzparkett. Die Größe reichte zumindest für eine Person, doch das war egal, denn beim door dancing geht es in erster Linie ums Vortanzen. Beim Wettbewerb in Keadue erweiterte man diese Disziplin durch eine besondere Schwierigkeit: Auf die vier Ecken der Tür wird ein wassergefülltes Glas gestellt: Wer am längsten tanzen kann, ohne daß es überschwappt, der oder die hat gewonnen. Natürlich muß auch rein tänzerisch etwas geboten werden, also feuert das Publikum die Tänzer lautstark an. Daß es dabei viel Gelegenheit zum Lachen gibt, braucht sicherlich nicht extra gesagt zu werden. Bemerkenswert jedoch: Selbst dieser lustige Abend geht ohne Alkoholausschank über die Bühne, die Leute sind trotzdem ausgelassen und fröhlich, die Atmosphäre unterscheidet sich kaum von der in einem Pub.

Ein anderes beeindruckendes Erlebnis während dieser Tage war ein Begräbnis. Einer von Annettes Nachbarn starb an einem Herzanfall. Als Nachbar hat man die Pflicht, an der Beerdigung teilzunehmen. Eine besondere Situation entsteht dadurch, daß der Verstorbene Mitglied der Church of Ireland war. Nur wenige Menschen in dieser Gegend gehören dieser Kirche an, die meisten besuchen die römisch-katholische Kirche. Dennoch sind erstaunlich viele Menschen zu dieser Beerdigung versammelt, sie wollen Georgie seine letzte Ehre erweisen, egal welcher Konfession er angehörte. Alle warten auf den Pfarrer, er muß von einem entfernteren Ort herüberkommen. Das Warten wird lang, also beginnt sich die Gesellschaft auf den Gräbern zu lümmeln. Ich traue meinen Augen kaum, wie selbstverständlich manche Grabsteine als Kleiderhaken, Tische, Stühle, ja sogar als Liegestühle Verwendung finden. In den Gesprächen taucht immer wieder das Bedauern auf, daß Georgie so schnell verstarb, man hat ja nicht einmal den Priester mehr holen können, damit er seine Angelegenheiten noch hätte ins Reine bringen können. Nach meinem Empfinden ist es gut, wenn der Tod schnell und schmerzlos eintrifft, die Leute hier sind darüber nicht besonders glücklich. Endlich trifft der Pfarrer ein und öffnet die Kirche. Nun beginnt das große Zaudern. Sollen wir auch rein? Wir gehören doch einer ganz anderen Konfession an. Nach einigen aufmunternden Worten legen sich die Bedenken und die Beerdigung nimmt ihren gewöhnlichen Lauf. Georgie ruht nun in Frieden. Schade daß er seine Kartoffeln nicht mehr ernten kann. Ich habe gesehen, wie er sie im Frühjahr in mühevoller Handarbeit gepflanzt hat – in diesem fantastischen Sommer sind sie großartig gewachsen. Ich komme an diesem kleinen Feld häufig vorbei, wenn ich zu meinen Ausflügen in die Berge der Lough Allen Region starte.

Vor dem Knocknarea.

Bald heißt es wieder Abschied nehmen, denn es wird Zeit in den Westen aufzubrechen, bevor der Sommer vorüber ist. Das neue Bike läßt sich mühelos mit dem Gepäckträger ausrüsten, ich reise also weiter wie bisher auf meinen Packeseletappen. Das alte Bike lasse ich bei Annette untergestellt, vielleicht findet sie Verwendung dafür.
Mein erstes Ziel heißt Strandhill, ein kleiner Badeort bei Sligo. Dort will ich den Knocknarea erklimmen, ein Berg, der schon von weitem an seinem charakteristischen Hügel auf dem Gipfelplateau zu erkennen ist. Jener Hügel ist das Grab der legendären Königin von Connacht, Queen Maeve. Er besteht tatsächlich aus unzähligen handlichen Steinen, die alle einen verschiedenen Ursprung haben. Annette erzählte mir bereits, daß man einen Stein aus seinem Gar-

ten mit hinauf nehmen soll, das sei so Sitte. Ich habe einen dabei, und wie ich ihn auf den Haufen werfe, wird mir klar, wieso es alles verschiedene Steine sind. Der Haufen ist enorm, im Laufe der Jahrhunderte ist allerhand zusammen gekommen. Bis auf ein kleines Stück läßt es sich übrigens recht gut auf den Knocknarea hochradeln, nur an einer Stelle wird es zu steil. Ich habe den Weg von der südlichen Seite aus gewählt, denn man sagte mir, daß es der einfachere ist. Der Blick von dort oben ist herrlich, er reicht von Donegal bis Connemara, welches mein fernes Ziel ist.

Doch zunächst geht es weiter an der Küste entlang. Die Ox Mountains lasse ich links liegen, auf kleinen, flachen Straßen erreiche ich die malerische Killala Bay und mit ihr den Ort Ballina im County Mayo. Richtung Westen durch die einsamen Torflandschaften gibt es nun fast gar keine Straßen mehr, so daß ich mich für eine der Hauptstraßen entscheiden muß. Doch meine Furcht war umsonst, auch sie ist in einem miesen Zustand und kaum befahren. Hinter dem Nichts wohnt vermutlich erst recht niemand mehr, so jedenfalls stelle ich es mir vor, als ich durch den Torf fahre. Das Bild und die Assoziationen sind ähnlich, wie ich sie schon in Donegal erlebt und beschrieben habe. Eine unendliche Wüste. Diese Gegend in Mayo ist noch um einiges größer, besonders in der Nord-Süd-Ausdehnung. Diesmal ist es nicht so drückend heiß bei der Durchquerung, dafür ist der Himmel aber grau und entsprechend düster wirken die Farben im braunen Torf. Als könnte der Himmel mir auf den Kopf fallen: Er kann es nicht und tut es doch. Hier lebt niemand – ich kann es verstehen. Und doch lerne ich etwas Reizvolles an dieser Gegend kennen: Der Frieden und die Ruhe dieser Einsamkeit scheint mir einzigartig auf der Welt. Ich habe noch nicht viele Plätze erlebt, wo ich dies so tief verspürte wie hier im County Mayo.

Achill Island: Auf den Spuren von Heinrich Böll und seinem »Irischen Tagebuch«

Mit den breiten Geländereifen komme ich nur langsam auf der Straße vorwärts, ihr grobes Profil singt auf dem Asphalt und schluckt viel Energie. Trotzdem komme ich voran und freue mich über das neue Bike, denn abseits der Straßen bringt es eindeutige Vorteile und der übrige Fahrkomfort hat deutlich zugenommen.

Die riesigen Weiten im County Mayo habe ich hinter mir gelassen, denn ich steuere auf die Halbinsel Curraun zu, von der aus ich über eine Brücke nach Achill Island fahren will. Von Achill habe ich vieles gehört, was mich neugierig gemacht hat. Es ist auch kein Geheimnis mehr, daß einige Kapitel in dem »Irischen Tagebuch« von Heinrich Böll auf seinen Besuch auf der Insel zurückzuführen sind. Ich liebe dieses Buch. Böll hat es in den fünfziger Jahren geschrieben und damals alles eingefangen, was es zu erzählen gibt, wenn man Irland mit all seinen Reizen und Stimmungen, wenn man die Iren mit ihrer Mentalität und ihren verzwickten Lebensumständen – kurz, wenn man alle Eigenarten der grünen Insel für einen Außenstehenden darstellen und verständlich machen will. Und Heinrich Böll hat es meisterhaft verstanden, jeweils den Kern der Dinge zu treffen, so daß sein Tagebuch auch dreißig Jahre später nichts von seiner Gültigkeit verloren hat, sondern nach wie vor aktuell geblieben ist. Es ist ein großartiges Buch und für mich der beste Bericht, der jemals über Irland geschrieben wurde.

Der Weg nach Achill Island führt an endlosen Fuchsienhekken vorbei, leuchtend rot hängen ihre kunstvollen Blüten

Auf dem Weg nach Achill Island.

herab. Sie müssen das Modell für asiatische Lampen-
schirmmacher gewesen sein, jedenfalls muß ich bei ihnen
immer an die Beleuchtung in manchen chinesischen
Restaurants denken. Diese Hecken sind ein herrlicher
Anblick, zumal es jetzt im September die Zeit der üppigsten
Blüte ist. Grün und Rot – das sind auch die Farben vom
County Mayo. Die Gaelic Football- und Hurling-Mannschaf-
ten tragen sie, wenn es um die Ausscheidungen der Counties zur irischen Meisterschaft geht, Grün und Rot sind

161

Mayos Symbol. Wer die Fuchsienhecken gesehen hat, der weiß warum.

Der Achill Sund ist erstaunlich schmal, entsprechend kurz die Brücke. Merkwürdig, daß man von einer Insel redet. Doch sie ist vom Meerwasser umspült, zumindest bei Flut läßt es sich nicht leugnen. Die Straße führt nun, wie schon auf der Halbinsel zuvor, durch Torfland. Es muß hier in den letzten Tagen gelegentlich geregnet haben, jedenfalls ist der Torf an manchen Stellen aufgeweicht und morastig. Echte Sumpflöcher liegen links und rechts des Weges.

Mich zieht es zur äußersten Spitze, zum Achill Head, einem der westlichsten Punkte Europas. Nur die Dingle Halbinsel im Süden Irlands ragt noch weiter in den Atlantik hinaus. Ein gemütliches Quartier finde ich in der Ortschaft Keel, sie liegt günstig für meine geplanten Ausflüge. Beim abendlichen Rundgang durch Keel fällt mir auf, daß viele der Häuser ihre Türen und Fenster nur auf einer Seite haben, die übrigen Wände sind völlig fensterlos. Das sieht ungewöhnlich aus und weist darauf hin, daß häufig kräftige Winde über die Insel brausen. Auffällig ist es auch, daß nicht nur die Häuser weiß gestrichen sind, sondern mitunter auch die Schieferdächer. Später im Pub erklärt mir jemand, daß der Anstrich alle feinen Risse verschließt und der Wind somit das Regenwasser nicht ins Mauerwerk oder unters Dach pusten kann. Eine plausible Erklärung. Heute Abend ist das Wetter gnädig mit uns, es weht kein Lüftchen und auch vom Regen ist keine Spur zu sehen.

Der nächste Morgen sieht weiterhin vielversprechend aus. Ich lasse wieder mein Gepäck zurück und starte zum Achill Head. Weit kann es nicht sein. Zunächst folge ich der Straße, kurz nach dem Ort beginnt sie über eine weite Distanz zu steigen. Endlich geht es mal wieder in die Beine, in den letzten Tagen folgte ich bequemen, flachen Strecken. Dann die Abfahrt. In rasantem Tempo zurück auf das Mee-

Das Moyteoge Head auf Achill Island.

resniveau. Wenn Schafe erschreckt vor mir aufspringen, steige ich kräftig in die Bremsen. Ein Sturz an diesem Abgrund ist mir zu gefährlich. Unten endet die Straße an einem malerischen Strand. Er ist keine fünfhundert Meter breit und rechts und links von steilen Bergen eingefaßt. Ein nettes Plätzchen – und den Parkplatzflächen nach zu urteilen zumindest an den Wochenenden ein beliebtes Ausflugsziel. Im Spätsommer ist hier aber offensichtlich kaum noch etwas los.

Der Berg zum Achill Head hin sieht verdammt steil aus. Hochfahren ist nicht drin. Ich überlege, ob ich das Bike zurücklasse, ein Blick auf die Karte sagt mir jedoch, daß ich oben noch ein ganzes Stück zu laufen hätte. Also schiebe ich das steile Stück. Gelegentlich kann ich sogar aufsitzen, und im leichten Winkel zum Hang komme ich nicht schlecht voran. Erstaunlich, was das neue Bike so alles leisten kann. Morgen werde ich übrigens Reinhard treffen, einen netten Deutschen, den ich bei Annette kennengelernt habe. Er kommt mit seinem Campingbus und bringt mein altes Bike mit. Geplant haben wir, gemeinsam in Connemara herumzustromern. Ich freue mich auf seine Gesellschaft.

Doch zunächst will ich Achill Island erkunden und habe gerade den Bergsaum erklommen, der das Achill Head bildet. Zum Meer hin fällt er schroff ab, zur Landseite bildet sich eine riesige Mulde, die in den großen Berg Croaghaun übergeht. Der Bergsaum läßt sich in weiten Teilen gut befahren. Ich bin froh, das Bike mit hochgenommen zu haben. Hier stehe ich also an einem der westlichsten Punkten Europas, von hier bis Amerika ist nur noch Wasser.

Auf dem Rückweg muß ich an Heinrich Böll denken. Vom Bergsaum aus überblicke ich jene Straße, die ich vorhin zum Strand hinuntergerast bin. Sie windet sich kilometerlang am Berg entlang und erinnert mich an eine Szene im »Irischen Tagebuch«, in der der Landarzt der Insel zu einer Geburt fährt. Ich weiß, daß es nicht diese Straße war, sondern eine am Sund. Doch auch hier kann ich mir vorstellen, daß die Scheinwerferkegel eines Autos in der Dunkelheit »hilflos wie Arme, die keinen Halt finden, am grauen Gewölk herumturnen«. Die Straße ist steil, kurvig und gefährlich. Hier am Achill Head wohnt niemand mehr, doch es muß nach wie vor eine aufregende Arbeit sein, als Arzt auf der Insel tätig zu sein.

Am nächsten Vormittag trifft tatsächlich Reinhard ein. Auch er kennt das »Irische Tagebuch«, und als wir auf einer Schautafel den Hinweis auf ein verlassenes Dorf finden, sind wir uns sofort einig, dort hin zu radeln, denn vermutlich wird es das gleiche sein, das Heinrich Böll vor dreißig Jahren ausführlich in seinem Buch beschrieben hat. Verlassene Häuser gibt es viel und überall, ein verlassenes Dorf dagegen ist selten.

Wir schlagen den Weg ein, der nördlich aus Keel hinausführt. In der Ferne liegt der Slievemore, an seinen Hängen sehen wir einen großen Friedhof. Als wir näherkommen, können wir erkennen, daß die Ruinen des verlassenen Dorfes sich zur linken Seite hin erstrecken. Am Friedhof sprechen wir mit einem Farmer, der mit einem Fernglas die Berge absucht. Er hält Ausschau nach seinen Schafen, will wissen, wo sie ungefähr zu finden sind, denn morgen sollen sie zusammengetrieben werden. Die Schafe, die auf dem Friedhof zwischen den Gräbern grasen, gehören ihm nicht, sie haben eine andere Zeichnung. Über das verlassene Dorf weiß er wenig, nur daß es sich fast eine Meile am Berg hinzieht. Wann es verlassen wurde, darüber ist von dem Mann nichts zu erfahren. Auf unsere Frage nach dem Warum, erzählt er, daß die Leute alle dichter an die See nach Keel gezogen sind. Ich mißtraue dieser letzten Aussage, das ist bestimmt ein Trick, um den Fremdenverkehr nach Keel zu locken, obwohl von Verkehr keine Rede sein kann, denn wir sind die einzigen Fremden hier.

Heinrich Böll ist dem Farmer nicht unbekannt, er kennt sogar das Haus, wo Böll einst gewohnt hat. Das »Irische Tagebuch« hat er jedoch nie gelesen, neu ist ihm auch, daß einige Kapitel von Achill Island handeln und besonders eines diesem verlassenen Dorf hier gewidmet ist. Der Farmer bedauert, daß er noch nie eine englische Ausgabe des Tagebuches in die Finger bekommen hat, er will sich aber

Der Friedhof am Slievemore.

mal darum kümmern, ob es eine gibt.

Nach Auskunft des »Tagebuches« war dieses Dorf bereits vor 1880 verlassen. Das läßt die Vermutung zu, daß es während der großen Hungersnöte in den Jahren von 1845–1849 geschah. Damit wäre auch der Grund gegeben. Die Mißernten dieser Jahre hatten katastrophale Folgen: Die Leute verhungerten zuhauf, wurden von Krankheiten dahingerafft und wer es irgendwie konnte, verließ das Land auf ewig. Die Bevölkerung Irlands wurde damals um die Hälfte von acht auf vier Millionen dezimiert. Man kann sich vorstellen, wie grausam diese Jahre waren. Möglicherweise ist dem auch das ganze Dorf zum Opfer gefallen.

Wir stapfen ebenso erstaunt wie einst Heinrich Böll durch das »Skelett einer menschlichen Siedlung«. Die Schafe fliehen immer noch durch die leeren Fensteröffnungen, selbst die Furchen des Kartoffelackers sind bis heute sichtbar geblieben. Von Zerstörung ist weiterhin keine Spur zu entdecken, kein übermütiger Mensch hat sich an den losen Steinwänden vergangen. Nur der Zahn der Zeit hat inzwischen weitergenagt. Metall- oder gar Holzreste sind absolut keine mehr zu finden. Etwas traurig sehen die Überreste der Häuser aus, wie die hohlen Zähne in dem mürben Gebiß eines längst Verstorbenen. Heinrichs Bild vom Skelett drängt sich unweigerlich auf, wenn man zwischen diesen Häusern steht. Ihre Anzahl ist enorm. In einer langen Reihe liegen sie längs des Weges, und je weiter man geht, desto beängstigender wird die Szene. Das Dorf scheint kein Ende zu nehmen. Auch wir zählen die Häuser nicht, aber es mögen wirklich an die hundert sein. Unfaßbar, daß die Menschen, die hier wohnten, alle in ungefähr dem gleichen Zeitraum durch Krankheit und Hunger dahinsiechten oder vertrieben wurden. Von welcher Tragik erzählen uns die Ruinen! Die Abendsonne versucht den kahlen Wänden einen warmen Ton zu verleihen, wir radeln weiter und müssen noch lange an dieses verlassene Dorf denken.

Der Rückweg führt uns durch Torfland, wir folgen einem steinigen Weg. Gelegentlich fällt uns auf, daß einige Untiefen mit weißem Quarzgestein aufgefüllt wurden. Nicht weit entfernt entdecken wir einen Steinbruch, in dem das Quarz abgebaut wird. Schneeweiße Berge sind dort aufgetürmt, Quarz in allen Körnungen. Reinhard kennt sich in der Mineralogie gut aus und erklärt mir, daß dieses Gestein zum Sandstrahlen sehr begeht ist. Zuvor hatten wir auf Achill Island auch schon einige Häuser gesehen, deren

Der Ausblick vom verlassenen Dorf.

Das »Skelett einer menschlichen Siedlung«.

Die Ortschaft Keel auf Achill Island.

Keem Strand – einer der westlichsten Strände Europas.

Links: Die Bedeutung dieser Steine blieb uns unbekannt.

Unten: Die Menawn Cliffs auf Achill Island.

Der Bergrücken vom Achill Head.

Auf Wegen durchs Torfland.

Ein saftiger Anstieg über
saftige Wiesen.

Das verlassene Dorf auf
Achill Island.

Schafe übernehmen die Friedhofspflege.

◄ In den Bergen Connemaras.

Am Ballynakill Harbour in Connemara.

Grundstücksmauern mit weißen Quarzbrocken gekrönt waren. Von den Bergen ringsum blitzen mitunter weiße Flächen herunter, sie sind ebenfalls aus diesem Material. Weiß wird für mich zur Symbolfarbe für Achill Island, so häufig wie hier ist es mir selten begegnet.

Als wir Achill Island mit dem Campingbus verlassen wollen, stoppen wir noch mal für einen Tag. Östlich von Keel fallen uns nämlich eine Vielzahl von Boglanes auf – Steinige Wege, die ins Torfland führen. Sie sind zu verlockend, um sie zu übersehen, bei ihrem Anblick lacht das Mountain Biker-Herz. Und tatsächlich entpuppen sie sich als tolles Terrain. Manche Wege enden zwar plötzlich, andere aber sind miteinander verbunden und bilden ein weites Netz durch die Landschaft. Auch wenn es manchmal sehr holprig auf den groben Steinen wird, so haben wir doch unseren Spaß dabei und genießen erneut den Frieden, der über dem Torf ruht. Achill Island haben wir nicht das letzte Mal besucht, darüber sind wir uns einig.

Herbst in Connemara

Der Campingbus von Reinhard erweist sich als sehr praktisch für unsere Connemara-Expeditionen. In dieser großen Region wohnt nämlich fast niemand, und man muß entsprechend weite Strecken zurücklegen, um eine Übernachtungsmöglichkeit zu finden. Mit dem Bus können wir unser Lager aufschlagen, wo immer es uns beliebt, haben die Bikes jederzeit griffbereit, und brauchen uns mit keinem Gepäck abschleppen. Schwierig wird es nur, für das Lager jeweils einen Platz zu finden, der etwas abseits der Straße liegt und gleichzeitig eben ist. Wer mal mit einem Campingbus unterwegs war, kennt das Problem.

Um unser Ergebnis vorwegzunehmen: Connemara ist ein enttäuschendes Mountain Bike-Terrain. Es gibt fast keine Nebenstraßen und auch keine anderen Wege, die man unter die Reifen nehmen kann. Und Querfeldeinfahrten sind nicht drin, denn die Berge sind samt und sonders viel zu steil. Selbst Wandern kann man in den Bergen kaum, zu häufig muß man klettern. Ein ideales Gelände für Bergsteiger also. Mountain Biker kommen nicht auf ihre Kosten.

Auch die Straßen erfordern kein Geländerad mit achtzehn oder mehr Gängen, sie halten sich hier zum ersten Mal in Irland auf ziemlich dem gleichen Niveau. Wir sind erstaunt, denn Connemara ist überaus bergig, doch die Täler scheinen alle auf dem gleichen Level zu liegen. Die Enttäuschung traf nicht nur uns, sondern sie stand auch anderen Leuten im Gesicht geschrieben, die mit dem Mountain Bike in dieser Gegend unterwegs waren und mit denen ich gesprochen habe. Sie kamen ebenfalls voller Erwartungen, denn Connemaras Berge genießen einen großartigen Ruf. In der Tat ist Connemara eine zutiefst beeindruckende

Landschaft und ich will mein negatives Bild auch sogleich korrigieren. Es ist nicht so, daß sich überhaupt keine Mountain Bike-Möglichkeiten bieten. In der Regel haben wir jeden Tag eine interessante Strecke gefunden. Aber eben nur eine und nicht mehrere an einem Ort. Ich bin inzwischen verwöhnt. Allein darin lag die Enttäuschung. Rein landschaftlich ist Connemara weiterhin absolute Spitze.

Eines unserer ersten Ziele, wir kommen von Westport her, ist der Croagh Patrick an der Clew Bay. Es ist ein besonderer Berg. Nicht nur, daß ich seinen pyramidenartigen Gipfel so häufig schon aus weiter Ferne gesehen habe und stets daran denken mußte, daß er wie eine erhobene Hand aussieht, die in den Himmel weist – nein, es ist auch Irlands heiliger Berg. Sankt Patrick soll von hier aus vor mehr als fünfzehnhundert Jahren die Schlangen aus Irland vertrieben haben, so geht die Legende. Seitdem ist die Bergspitze ein beliebter Wallfahrtsort, und alljährlich zieht es besonders in den letzten Julitagen unzählige Pilger an diesen Ort. Der große Parkplatz am Fuße des Berges vermittelt einen Eindruck über den Betrieb, der hier manchmal herrscht. Auch heute sehe ich einige Menschen den Pilgerpfad hinaufkraxeln. Eigentlich wollten wir ihn mit dem Mountain Bike hinauffahren, doch wir halten es für besser, die Pilger ungestört zu lassen. Auch ein Mensch, der weniger religiös ist, kann sich gegenüber Pilgern und dem heiligen Berg respektvoll zeigen. Ich muß allerdings zugeben, daß die Steilheit des Weges für unsere Entscheidung ebenfalls ausschlaggebend war.

Respekt gegenüber dem Croagh Patrick zeigen hoffentlich auch die Bergwerksgesellschaften. Der Berg und die umliegende Gegend mit ihren wunderschönen Seen und Flüssen sind nämlich in ernsthafter Gefahr, weil Goldstaub im Gestein des Berges gefunden wurde und ein kommerzieller Abbau nur mit Einsatz giftigster Chemikalien möglich ist.

Der Croagh Patrick, Irlands heiliger Berg,
und eine Häuserkulisse in Westport –
die Fenster sind angemalt.

Herbst am Killary Harbour.

Welche verheerenden Auswirkungen solch ein Abbau hat, darüber gibt es genügend Beispiele aus anderen Ländern. Hoffentlich gelingt es den Einwohnern rings um den Croagh Patrick mit ihren Hinweisschildern, genug Öffentlichkeit auf die Gefahr aufmerksam zu machen. Die große Schar der Gläubigen könnte stark genug sein, um die Zerstörung des heiligen Berges und seiner Umgegend zu verhindern.

Unser Weg führt weiter an der Küste entlang. Über Louisburgh hinaus gibt es noch einige kleine Straßen in Meeresnähe, die wir mit dem Bike erkunden. Dann geht es südwärts und wir tauchen in die Bergwelt Connemaras ein. Ich bin überwältigt von der Schönheit des Lough Doo, das zwischen den Mweelrea Mountains und den Sheeffry Hills liegt. Die nackten Berge und der See, uns wird klar, welche Einsamkeit uns in den nächsten Tagen erwartet.

Idyllen auch am Killary Harbour, dem nachgesagt wird, daß er der einzige Fjord Irlands ist. Er wird von Bergen eingerahmt, die so malerische Namen tragen wie Devilsmother oder Ben Gorm. Leenaun ist die einzigste Ortschaft weit und breit, eine handvoll Häuser und ein Pub. Die Berge ringsum tragen Herbstfarben, das kurze Gras und die welkenden Farne lassen sie bräunlich und gelb erscheinen. Kein Baum, kein Strauch. Gelegentlich Schafe, sie sind die einzigen, die hier noch was zu fressen finden. Und Esel, sie allein können etwas querfeldein transportieren und werden selbst von Binsen satt. Daß niemand in den Bergen wohnt, läßt sich verstehen. Hier wächst nichts und wird auch nie was wachsen. Das bißchen Erdreich zwischen den Felsen reicht nicht für einen Garten.

Die Berge von Connemara sind ein armes Stück Land, entsetzlich arm sogar, was ihre Fruchtbarkeit anbelangt. Als Ausgleich dazu sind sie mit einer Schönheit ausgestattet worden, die ebenso einmalig ist. Nicht umsonst zählen sie zu den bekanntesten Naturschönheiten Europas.

Vom Gebiet südlich des Killary Harbour habe ich eine äußerst genaue Karte im Maßstab 1:50 000 aufgetrieben. Sie gibt sogar die Gräben und Zäune wieder. Logisch, daß wir uns dort näher umschauen wollen. Allzu viele Möglichkeiten für das Mountain Biking ergeben sich jedoch auch nach dem Studium dieser Karte nicht. Ein interessanter, langer Weg läßt sich empfehlen: Er führt an den Maumturk Mountains entlang, parallel zu der Straße, die im Tal zwischen den Bergen und dem Massiv der Twelve Pins verläuft. Der Anblick der Twelve Pins oder auch Bens, wie sie genannt werden, kann einen verzaubern, sie gelten für viele als das Herzstück von Connemara. Auf dem besagten Nebenweg hat man sie ständig im Auge und kann sie von den verschiedensten Perspektiven aus bewundern. Auch hier leuchtet der weiße Quarz von den Felswänden und belebt die eher dunkle Grundfarbe der Bens.

Andere interessante Gebiete für das Mountain Biking sind stets die Wälder. Auch wenn Connemara nicht gerade reich damit bestückt ist und auch wenn sie meist nur aus jungen Fichten bestehen, so haben wir dort häufig Forstwege entdeckt, auf denen ein Bike-Ritt richtige Freude bereitet. Dies sei ein allgemeiner Tip, falls irgendwo ein Mangel an Bike-Gelegenheiten zu beklagen ist. Nach den Wegen sucht man am besten vor Ort, denn sie sind nicht alle auf den Karten verzeichnet. Einer dieser Forstwege brachte uns eine besondere Überraschung. Er führte uns zu einem Steinbruch, in dem Reinhard sofort einige Brocken von dem berühmten Connemara Marmor erkannte. Dieser Marmor ist grün, fein poliert gibt er edle Schmucksteine ab. Unser Bus stand nicht weit entfernt, also war es keine Frage, ein paar Proben mußten mit.

Wenn ich im Nachhinein an die Berge Connemaras zurückdenke, so muß ich noch einmal meine Verwunderung darüber ausdrücken, wie einsam dieses riesige Gebiet ist. Zugegeben, auf den Straßen herrscht Leben, es gibt genug Touristen, die dort mit dem Auto herumfahren und sich die Landschaft anschauen. Doch in den Bergen ist niemand. Niemand wohnt dort, man ist allein. Wanderer sind eine Seltenheit. Abends, wenn es dunkel ist, kann man von einem erhöhten Standort aus schauen, soweit das Auge reicht: Man sieht kein Licht von einem Haus. Man kann sich mit offenen Augen um die eigene Achse drehen und sieht immer noch kein Licht von einem Haus. Unvorstellbar ist das. Und unheimlich. Besonders wenn kein Mond scheint. Eines Abends hatten wir das Bedürfnis nach Zivilisation. Wir fuhren kurz entschlossen mit Reinhard's Bus nach Clifden, einem bekannten Ort an der Atlantikküste. Bei der Suche nach einem Pub wundern wir uns nicht schlecht, denn Clifden wirkt völlig unirisch. Restaurants, schicke Läden, sogar eine Weinstube gehören zum Ortsbild. Ist das das Irland der Zukunft? Sogar die Kneipe, für die wir uns entschließen, ist schick und wirkt dadurch nüchtern. Nur das Guinness schmeckt wie immer. Es kommt in Gläsern, die per Maschine gespült werden. Mein Staunen nimmt kein Ende. Ich kann mir diesen modernen Standard nur durch den enormen Fremdenverkehr in diesem Ort erklären.

Schöne Ausflüge mit dem Bike können wir noch an der rauhen Atlantikküste unternehmen. Dort ist es wieder bewohnter und kleine Straßen und Wege führen in die entlegendsten Zipfel. Die Silhouette der Twelve Bens bildet zum Land hin den Hintergrund, gelegentlich führen kleine Feldwege auch in diese Richtung. Mir gefällt die Küste hier, sie ist wild und zerklüftet, irgendwie erinnert sie mich an Teile der Schärenküste Schwedens.

Ein dramatischer Wetterwechsel bahnt sich an, die Vorhersagen im Radio sprechen von schweren Stürmen, von Aus-

Der Sturm zwingt Reinhard und mich zum Abbruch unserer Tour.

läufern eines Hurricans über dem Atlantik, sie werden
Irlands Westküste im Laufe der folgenden Nacht erreichen.
Der Beginn der Herbststürme. Bislang waren die Windver-
hältnisse den ganzen Sommer über eher harmlos. Richtig
windstill war es selten, doch an einen Sturm kann ich mich
nicht erinnern. Heute dagegen ist es völlig windstill – die
Ruhe vor dem Sturm. Die große Gelegenheit für die kleinen

187

Stechfliegen, die Midges, noch einmal vor dem Winter aus ihren Verstecken zu kommen, um einen Menschen zu suchen, den sie piesacken können. Diese kleinen Biester gibt es also auch hier so dicht am Meer, eigentlich kenne ich keine Gegend in Irland, wo man sie nicht antreffen kann. Die schlimmste Zeit ist wohl im Mai, wenn sie schlüpfen. Ansonsten erlebt man sie nur bei windstillem, drückendem Wetter und dann vorwiegend in den Abendstunden. Kein Grund zur Panik also. Aber daß ich sie so spät im Jahr und so dicht an der Küste noch treffe, darüber bin ich erstaunt.

Mitten in der Nacht beginnt tatsächlich der Sturm. Wir haben leider nur einen völlig ungeschützten Standplatz für den Campingbus gefunden, entsprechend heftig werden wir geschaukelt. Am Morgen gelingt es uns kaum, die Tür zu öffnen, so drückt der Wind dagegen. Draußen kann man kaum stehen, die Böen haben eine ungeheure Kraft. Ans Radfahren ist bei solchem Wetter nicht zu denken, es sei denn, man wolle eine neue Disziplin, das Radfliegen, ausprobieren. Wir fahren mit dem Bus die Küste entlang und staunen über die tosende Brandung. Hin und wieder peitscht ein kurzer Schauer über uns hinweg. Die Böen nehmen ständig zu. Kein Mensch oder Auto ist mehr unterwegs, alle haben sich schutzsuchend verkrochen. Auch wir denken, daß es vielleicht besser ist, ins Hinterland zu fahren, wo die Böen uns nicht so direkt treffen können. Doch wir befinden uns im Irrtum. In den Tälern zwischen den Bergen bilden sich Windkanäle, in denen die Kraft der Böen um einiges verstärkt wird. Mehr als einmal überkommt uns die Angst, einfach von der Straße gepustet zu werden. Zum Glück ist der Bus schwer und hat einen breiten Radstand. Als wir die Enge zum Lough Fee passieren, sehen wir, wie ein Sturmböe den See in Aufruhr versetzt, die Wellen werden höher und höher gepeitscht, die Gischt wächst und wächst, wird vom Sturm aufgegriffen und wie eine riesige Wolke in die Berge hochgetragen. Nach einer kurzen Pause wiederholt sich dieses unglaubliche Schauspiel. Eindrucksvoller kann man die Naturgewalten kaum erleben. Erst eine halbe Stunde später im Landesinneren läßt die Kraft des Sturmes allmählich nach. Sturm ist auch für die nächsten Tage angesagt, so steuern wir wieder auf das County Leitrim zu, wo Annette mit Spannung auf unsere Schilderungen wartet.

Eigentlich wollte ich Irland nach unseren Connemara-Expeditionen verlassen, doch je näher der Abschied rückt, desto fremder wird mir der Gedanke. Ich habe mich in Irland äußerst wohl gefühlt, warum soll ich nicht einfach bleiben. Wo ich das Buch über diese Reise mit dem Mountain Bike schreibe, ist schließlich egal. Und womit ich weiterhin mein Geld verdiene, darüber kann ich mir noch früh genug den Kopf zerbrechen. Vielleicht werde ich mit Annette ein Konzept entwerfen, wie und welche Wege man markieren müßte, um die Lough Allen Region allgemein besser für Mountain Biker und Wanderer zu erschließen. In meinen Augen ist es für diese Sportarten eine der interessantesten Gegenden Irlands und gleichzeitig gefällt es mir dort ausgesprochen gut. Vorerst bleibe ich in dieser, meiner neuen, Wahlheimat.

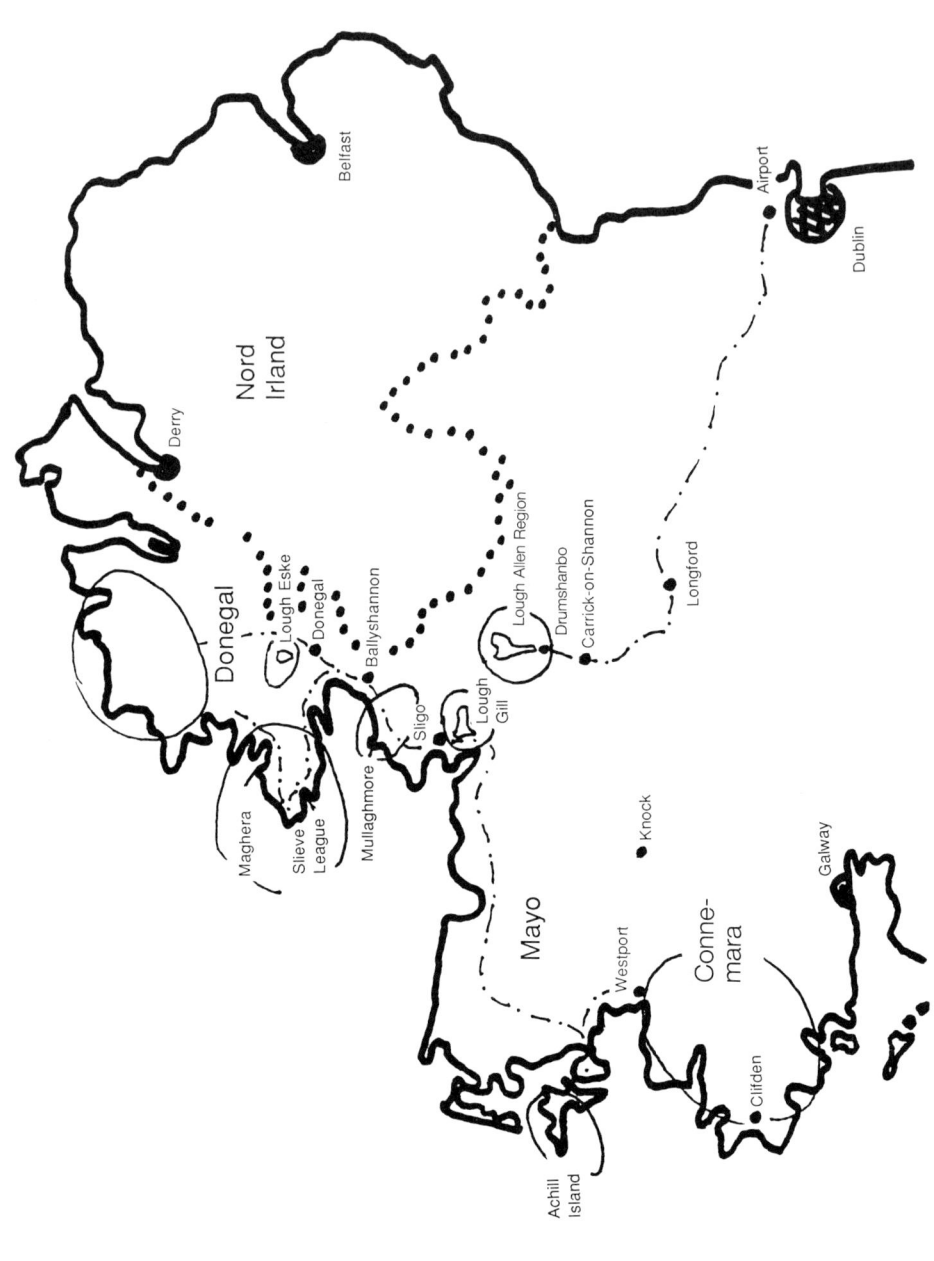

Belfast

Airport

Dublin

Nord
Irland

Derry

Donegal

Lough Eske
Donegal
Ballyshannon

Lough Allen Region
Drumshanbo
Carrick-on-Shannon

Longford

Maghera
Slieve
League
Mullaghmore
Sligo

Lough
Gill

Knock

Galway

Mayo

Conne-
mara

Westport

Clifden

Achill
Island

Allgemeiner Informationsteil

ANREISE

Flugzeug: Die schnellste Möglichkeit nach Irland ist unbestritten per Flug. Die meisten Fluggesellschaften transportieren heutzutage Fahrräder, entweder innerhalb der Freigepäckgrenze (gegebenenfalls Zuschlag bei Übergewicht) oder gegen Aufpreis. Hier muß man sich erkundigen, besonders bei billigeren Charterflügen, die oft besonderen Bedingungen unterliegen. Die Flugpreise sind aufgrund stärkerer Konkurrenz im Laufe der letzten Jahre erheblich gesenkt worden, es lohnt sich, die Informationen mehrerer Gesellschaften einzuholen oder sich an spezielle Irlandreiseveranstalter zu wenden.

Aer Lingus (irisch) transportiert Bikes (Stand 1990) innerhalb der Freigepäckgrenze von 20 kg, bei Übergewicht muß Zuschlag gezahlt werden. Man sollte eine gute Stunde vor Abflug mit dem Bike am Flughafen sein. Aer Lingus hat auch ein hervorragendes Angebot: Wird von vornherein (mindestens zwei Wochen im voraus) an einen Flughafen der Westküste durchgebucht, so kostet der Anschlußflug von Dublin an die Küste nur ca. 10 DM, während sonst der volle Flugpreis von ca. 100 DM gezahlt werden muß. Hierbei spart man viel Zeit, Umstände und auch Geld, weil man gleich in der wilden Schönheit Nordwestirlands losradeln kann. Diese Anschlußflüge gehen von Dublin nach Galway, Sligo oder neuerdings auch nach Derry. Nach dem aktuellen Stand erkundigen!

Ryanair (ebenfalls irisch) berechnet das Fahrrad extra, man muß mit 1 IR Pfund pro Kilo rechnen. Diese Gesellschaft bietet keine Inlandflüge, dafür aber neben den vielen Direktflügen nach Dublin oder Shannon auch welche nach Knock im County Mayo.

Fahrräder müssen allgemein für den Transport sorgfältig und platzsparend verpackt werden. Das Vorderrad wird herausgenommen, der Lenker quergestellt, die Pedale entweder ab- oder nach innen geschraubt. Wird kein Verpakkungskarton gestellt (bei Aer Lingus gibt es Plastiktüten), empfiehlt es sich, einen bei einem Fahrradhändler zu besorgen. Mit »handle with care – bicycle!« beschriften!

Auto: Mit dem Auto ist man durchschnittlich drei Tage pro Fahrt unterwegs, d. h. eine Woche Urlaub geht für die An- und Abreise verloren. Kilometermäßig ist es gar nicht so viel, die Zeit verliert man durch die Fähren, entweder 2mal Fähre über England oder 1mal Fähre via Frankreich. Die jeweils günstigste Verbindung kann man im Reisebüro erfragen. Reisen nur zwei Personen, sollte man sich – je nach Planung – ernsthaft überlegen, ob ein Flug nicht erholsamer ist.

Die Benzinpreise sind hoch, Diesel ist kaum billiger. Unverbleites Benzin ist immer häufiger erhältlich und leider nur unwesentlich billiger.

Die Straßen sind, verglichen mit deutschen Verhältnissen, katastrophal (eng, unmarkiert, uneben, rauher Straßenbelag, Schlaglöcher), besonders je weiter westlich man kommt und je kleiner und abgelegener die Straßen sind. Dachträger für Räder müssen stabil sein, und die Bikes selbst müssen supersicher befestigt werden. In Irland herrscht übrigens ebenso wie in Großbritannien Linksverkehr, auf der grünen Insel ist die Verkehrsdichte jedoch allgemein so gering, daß auch ein ungeübter Fahrer damit schnell zurecht kommen kann.

Bahn: Mit der Bahn ist die Anreise am billigsten, doch muß man je nach Anschlüssen mit mindestens drei anstrengenden Fahrtagen pro Weg rechnen. Es ist darauf zu achten, daß der Gepäckwagen immer mitfährt oder das Bike beim Umsteigen umgeladen wird. Doch leider liegt das nicht in unserer Hand. Wer nicht lange auf sein Bike warten will, gibt es ein paar Tage eher auf. Die Bahn sagt allgemein eine schonende Behandlung der Räder beim Transport zu, eine Garantie ist dies bei so langen Strecken jedoch nicht.

Fahrrad: Wer das Kilometerfressen gewohnt ist, schafft es in sieben (der mir bekannte Rekord) bis vierzehn Tagen von der Bundesrepublik bis nach Irland.

Wer keine Lust hat, ein eigenes Bike mitzubringen, hat drei Möglichkeiten:

1. Raleigh Rent-a-Bike. In vielen Orten werden Räder der Firma Raleigh vermietet (1989: Woche 22 IR Pfund), mit denen man in der gesamten Republik touren kann. Im Mietpreis ist eine umfassende Versicherung mit inbegriffen. Liste bei der irischen Fremdenverkehrszentrale anfordern (s. Adressen). Allerdings: Die Räder sind manchmal technisch schlecht gewartet, also erstmal gut durchchecken. Mountain Bikes findet man nur äußerst selten darunter, hauptsächlich sind es robuste Fünfgang-Tourenräder.

2. In einigen Gegenden gibt es bessere Räder zu mieten, darunter auch erstklassige Mountain Bikes. Die Preise sind im Vergleich zum Kontinent billig (s. Adressen).

3. Man kauft sich ein MTB in Irland. In größeren Städten gibt es wenigstens einen gutsortierten Fahrradladen, der verschiedene Modelle auf Lager hat. Am populärsten sind Raleigh-Räder, sie sind von ausgezeichneter Qualität und können preislich einem Vergleich mit dem Angebot in Deutschland durchaus standhalten.

Es ist üblich, daß jeder Händler bei Barzahlung einen Preisnachlaß von 10 % gibt! Gepäcktaschen sollten mitgebracht werden. Natürlich muß man für den Rücktransport in die Heimat vorsorgen, es sei denn, man will das Bike nach Abschluß der Tour wieder in Irland verkaufen. Gut erhaltene Secondhand-Artikel besitzen noch einen hohen Wert

194

und sind gefragt, allerdings kann der Verkauf sich schwierig gestalten, wenn man unter Zeitdruck steht. Am besten, man handelt den Verkauf des Bikes gleich beim Kauf mit dem Fahrradhändler aus, er wird sich darauf einlassen und es spart einem Zeit und Arbeit.

TRANSPORT IN IRLAND

Flugzeug: Aer Lingus fliegt mit kleinen Maschinen (commuter) kleine Flughäfen im Westen Irlands an. Fahrräder werden mitgenommen (Verpackung siehe Anreise). Freier Transport, wenn es innerhalb der 20 kg Freigepäckgrenze liegt, ansonsten muß Zuschlag gezahlt werden. Eine gute Stunde vor Abflug da sein, sonst fliegt das Bike u. U. mit der nächsten Maschine, weil nicht viel Stauraum vorhanden ist.

Bus: Bus Eireann, die nationale Busgesellschaft, nimmt Fahrräder auf allen ihren Routen für 4 IR Pfund extra mit, vorausgesetzt es ist genug Platz im Stauraum vorhanden. Es gibt auch viele private Busunternehmen, die eine begrenzte Anzahl von Routen fahren. Hier muß man sich vor Ort nach Bedingungen und Preisen erkundigen.

Bahn: Das irische Eisenbahnnetz, Iaronrod Eireann, ist mittlerweile auf wenige Hauptlinien, deren Mittelpunkt Dublin ist, zusammengeschrumpft. Bikes werden im Gepäckwagen für etwa die Hälfte des Personenpreises mitgenommen, eine schonende Behandlung wird zugesagt. Man kann die Bikes selber im betreffenden Wagen abgeben und beim Verstauen und Festzurren eventuell assistieren. Die Bahn halte ich für die sicherste Transportmöglichkeit, hier wird das Velo am wenigsten Schaden nehmen. Die

Abendzüge sind in der Regel sehr voll, so daß man nicht unbedingt einen Sitzplatz erhält.

REISEZEIT

Juli und August gelten als Hochsaison, das bedeutet, daß Fähren, Flüge und manche Unterkünfte teurer sind als sonst im Jahr. Juni und September sind Nebensaison, die Preise durchschnittlich. Das übrige Jahr ist sehr preiswert, eine Ausnahme bilden die Feiertage Weihnachten, Ostern und St. Patricks Day (17. März). In der kühlen Jahreszeit muß man sich nach der Heizmöglichkeit der betreffenden Unterkunft erkundigen und nach etwaigen Extrakosten, die dadurch entstehen. Einige Jugendherbergen sind im Winter u. U. geschlossen, ebenso kann das Angebot an Restaurants und Einrichtungen für den Fremdenverkehr eingeschränkt sein.

Das irische *Wetter* ist so vorurteilsbeladen wie kaum ein anderes der Welt. Wirklich heiß wird es tatsächlich selten (sehr angenehm beim Biken), und eine wochenlange Schönwetterperiode kann auch nicht garantiert werden (obwohl ich das Glück hatte, eine erleben zu dürfen). Aber tagelanger Regen oder Nebel sind ebenso selten, das wäre echtes Pech. Das Wetter ist eher wechselhaft und deshalb ist diese wilde Insel auch so wunderbar üppig grün und die irische Luft so erfrischend sauber. April, Mai, Juni und September gelten allgemein als relativ trocken und sonnig, die Nächte sind bei einer Hochdruckwetterlage allerdings meist recht kühl. März, April, September und Oktober sind die windigen Monate. Der Winter ist mild, Schnee eine Ausnahme. Nur in hohen Bergregionen kann er für eine längere Zeit liegen bleiben. Januar und Februar sind die kältesten Monate, das Pflanzenwachstum ruht, und deswegen kann hohe Feuchtigkeit das Offroad-Fahren zum Problem werden lassen. Mitte/Ende März ist es aber schon wieder vorbei mit dem Winter, da beginnen überall die wilden Primeln, die Veilchen und Osterglocken zu blühen. Juli und August sind wettermäßig die größten Glücks- oder Pechmonate, was aber auch an der eigenen Erwartungshaltung zum Hochsommerwetter liegt. Diese Angaben sollen nur zur groben Orientierung dienen, eine Garantie kann dafür niemand übernehmen, denn letztendlich macht das Wetter was es will.

UNTERKUNFT

Bed & Breakfast (B & B) ist die üblichste Art der Übernachtung in Irland. Es wird überall angeboten, die Preise variieren von 8–12 IR Pfund pro Person und Nacht, je nach Gegend und Komfort. Eine reine Übernachtung ohne Frühstück kann man meist ebenfalls erhalten, doch ist die Einsparung gering und der Verzicht auf das Frühstück ein echter Verlust. Angeboten wird auch häufig ein kontinentales Frühstück (Marmeladenbrote, Ei, Kaffee), es reduziert den Preis etwas, ist aber weitaus weniger reichhaltig als das berühmte irische Frühstück (die Palette reicht von gebratenem Speck über Spiegelei, Würstchen, Corn Flakes oder Müsli bis zum Marmeladenbrot). Nach vorheriger Absprache werden in den meisten Gästehäusern auch ein warmes Abendessen oder Brote für unterwegs zubereitet. B&B ist ideal für allein oder zu zweit Reisende und um die Iren näher kennenzulernen, denn wenn man will, hat man dort oft genug eine Unterkunft mit Familienanschluß. Viele wertvolle Tips zu den Schönheiten der Landschaft, zu abgelegenen Wegen, gemütlichen Pubs, sowie interessante Erzählungen und Geschichten über die Gegend erfährt man durch diesen persönlichen Kontakt.

Wer eine Woche oder länger in einer Region bleiben möchte und eigene vier Wände mit Kaminfeuer vorzieht, kann sich auch nach *Ferienhäusern* (self-catering cottages) umhören. Das ist besonders preisgünstig, wenn man zu mehreren reist. Die Häuser sind in der Regel einfach einge-richtet, besitzen aber alles, was man zur Selbstversorgung benötigt. Die moderneren Cottages sind vielfach in kleinen Gruppen von 3–8 Häusern angeordnet. Es gibt aber auch private Einzelhäuser zu mieten, die man in örtlichen Touri-steninformationen oder Pubs erfragen kann. Die Preise der Ferienhäuser variieren je nach Zustand und Lage sehr stark. Strom, Gas und Heizmaterialien werden in der Regel anschließend extra abgerechnet.

An der Küste gibt es auf vielen Campingplätzen festste-hende Wohnwagen mit Strom- und Wasseranschluß zu mie-ten. Hier werden aber je nach Saison und Beliebtheit des Strandes teilweise hohe Preise gefordert. In weniger touri-stischen Gebieten sind die Preise erschwinglicher.

Für die schmalere Reisekasse sind die *Jugendherbergen* interessant. Sie sind über die gesamte Republik verstreut, in den touristisch stark erschlossenen Gegenden findet man sie natürlich häufiger. In der Hauptsaison ist u.U. eine Voranmeldung ratsam, da es sich oft um kleine Herbergen handelt. Es gibt zwei Organisationen, in denen sich die Jugendherbergen aufteilen: Die privat geführten Indepen-dant Youth Hostels (I.H.O.) und die staatlich geführten (An Óige). Letztere finden sich vorwiegend außerhalb der Ort-schaften irgendwo in der Natur. Verzeichnisse der Herber-gen und aktuelle Preise fordert man an bei:

1. Independant Youth Hostels
   49 North Strand Road
   Dublin 3, IRELAND

2. An Óige
   39 Mountjoy Square
   Dublin 1, IRELAND

3. Nordirland: Y. H. A. N. I.
   56 Bradbury Place
   Belfast, NORTHERN IRELAND

Allgemein gibt es in irischen Jugendherbergen keine Altersbegrenzungen, deshalb werden sie von jung und alt gleichermaßen benutzt. Manche Herbergen haben auch einen Platz für Camper, in der geringen Gebühr ist die Benutzung von Küche, Aufenthaltsraum und sanitären Einrichtungen mitenthalten.

Camping ist die billigste Art der Übernachtung, allerdings hat man viel Gepäck mitzuschleppen, was beim Mountain Biking sehr hinderlich ist und viel vom Spaß, den Möglichkeiten und der Herausforderung nimmt. Abgesehen davon kann es auch zu einer frustrierend feuchten Angelegenheit werden. Ausgesprochene Campingplätze gibt es fast nur direkt an der Küste, sie sehen meist wie eine Wohnwagensiedlung aus. Hingewiesen sei noch einmal auf die Zeltmöglichkeiten bei manchen Jugendherbergen. Mit zwei Einschränkungen ist Wildcampen erlaubt:

1. In staatlichen Wäldern (das sind die meisten), ist das Campieren verboten. Außerdem ist in deren Umkreis von einer Meile (1,6 km) offenes Feuer strikt untersagt.

2. Auf Privatland sollte man sich – schon aus Höflichkeit – die Genehmigung des Besitzers einholen; die Iren sind bekannt dafür, daß sie diese Bitte nur selten ausschlagen.

Allgemein will ich noch einmal jedem ans Herz legen: Zäune, Hecken, Tore erfüllen eine ganz wichtige Funktion, egal wie primitiv oder provisorisch sie in unseren Augen aussehen. Auch beim Feuerholzsammeln ist darauf zu achten, daß man keine trockenen Äste aus der Hecke nimmt, weil diese vielleicht gerade das Loch verbarrikadieren, durch das die Schafe immer ausbrechen. Es versteht sich von selbst, daß wir das Eigentum anderer respektvoll behandeln, die Plätze sauber hinterlassen und unseren Müll ordentlich beseitigen, auch wenn sich illegale Müllkuhlen irgendwo am Wegesrand befinden. Und noch ein Hinweis: In Torfgebieten (bogs) sollte man auf offenes Feuer aus Vernunftgründen stets verzichten, denn wenn es dort trocken genug zum Zelten ist, so besteht die große Gefahr, einen schwer zu bekämpfenden Flächenschwelbrand auszulösen. In heißen Sommern sieht man des öfteren schwelende Torfbänke, mitunter war eine achtlos fortgeworfene Zigarettenkippe bereits der Auslöser.

ESSEN UND TRINKEN

Lebensmittel sind in Irland allgemein etwas teurer als in Deutschland. Besonders, wenn man sich im Angebot noch nicht auskennt und keine Preisvergleiche ziehen kann, wird sich dies bemerkbar machen. Auswahl und Angebot in großen Supermarktketten in den Städten ist »continental«, je weiter weg man sich von den Touristenpfaden begibt,

200

desto »irischer« wird es, besonders außerhalb der Hochsaison. Große Läden sind nicht unbedingt billiger, dafür bieten die kleinen oft eine längst in Vergessenheit geratene Romantik. Man kann auch sicher sein, daß die Leute aus dem »Emma«-Laden den Verdienst wirklich benötigen. Keine Angst also vor den kleinen Läden, sie sind ein Erlebnis, und übers Ohr gehauen wird in Irland mit Absicht niemand. Einige Vollwertnahrungsmittel gehören übrigens auch in kleineren Läden oft mit zum Programm, erfreulich häufig findet man ein speziell dafür eingerichtetes Regal. Frisches Obst und Gemüse kauft man preisgünstig auf Wochenmärkten. Restaurants verschiedener Preisklassen gibt es mit der Zeit immer häufiger in Irland, allerdings haben einige nur den Sommer über geöffnet. »Take away«-Läden entsprechen unseren Imbißstuben. Einige Pubs servieren kleine Snacks wie Suppen, Sandwiches oder einfache Salate. Ist kein Restaurant am Ort, so gibt es meist einen Pub, der in der »lunch-time« zwischen 13 und 14 Uhr einen warmen Mittagstisch für die Angestellten der Umgebung bereitet. Hier hat man zwar nicht die große Auswahl, aber die Speisen sind reichhaltig, schmackhaft und relativ preiswert. Nach solch einem Pub muß man sich durchfragen, von außen ist dieses Angebot nur selten angeschlagen. Ein heißer Tip also. Und wer gerne Fisch ißt, sollte sich in Irland nicht die Gelegenheit entgehen lassen und einmal Lachs (salmon) oder Forelle (trout) essen. Austern von der Westküste sind ebenfalls empfehlenswert.

Die »cup of tea«, schwarzer Tee mit Milch und oft auch Zucker, ist das warme irische Nationalgetränk. So ungewohnt Tee für uns vielleicht ist, auf der grünen Insel ist es mehr als nur ein Getränk, es ist Teil der irischen Lebensanschauung. Es ist immer Zeit für die Cup of Tea, egal ob es Tag oder Nacht ist. Man setzt sich, lernt sich kennen, tauscht Neuigkeiten aus, diskutiert, erzählt. Ich weiß nicht, wieviel Liter Tee so manch ein Ire täglich trinkt. Die Einladung zu einer Cup of Tea kann durchaus einem kurzen Gespräch auf einer abgelegenen Straße oder sonstwo folgen, ich würde sie nur selten abschlagen, denn wie sonst kann man die Leute und ihre Lebensart besser kennenlernen.

Logisch, daß dies kein Land für Kaffeetrinker sein kann. Löslichen Kaffee erhält man überall, Filterkaffee ist dagegen noch relativ ungewöhnlich. So ist es für unseren Geschmack oft angebrachter, im Pub oder Restaurant Tee anstatt Kaffee zu wählen.

Unter den alkoholischen Getränken steht natürlich das schwarze Gold, das echte irische Guinness weit an der Spitze. Drei Millionen Pints Guinness (1 Pint = 0,58 l) sollen täglich konsumiert werden. Das ist statistisch gesehen fast ein Pint pro Kopf, wobei nicht berücksichtigt wurde, daß 47% der Bevölkerung unter 18 Jahre ist! Aber Guinness schmeckt auch gut und ist erfrischend und sättigend zugleich. Ein ganz eigenes Bier mit einem einzigartigen Charakter. Es muß langsam und in mehreren Schüben gezapft werden, zwischendurch muß es Gelegenheit haben sich zu setzen. So entsteht dieser feine Schaum, der beinahe an Sahne erinnert. Ein Guinness in einem irischen Pub gezapft ist ein Hochgenuß, aus der Flasche schmeckt es bei weitem nicht so gut. Neben Guinness gibt es das kräftige Smithwicks, meist einfach »beer« genannt, und verschiedene Sorten »lager«, helles Bier vergleichbar mit deutschem Export. Die Atmosphäre in den Pubs ist trotz des hohen Alkoholkonsums angenehm ruhig, entspannt und freundlich. Das volle Leben beginnt erst zur fortgeschrittenen Abendstunde, tagsüber sitzen nur wenige Menschen am Tresen. Bestellen tut man ein »pint« (0,58 l) oder ein »glas«, die Hälfte. Das Bier im Pub ist übrigens keineswegs teurer als Flaschenbier aus dem Supermarkt. Eine staatliche Maß-

202

nahme, um tausende Pubs und damit viele Familienexistenzen zu schützen. Nebenbei sind viele Pubs nicht nur Kneipe, manche verkaufen auch Zeitungen, nehmen Bestellungen für einen Tischler auf, übernehmen Taxifahrten, vermitteln die üblichen Dienstleistungen oder unterhalten sogar einen ganzen Laden. Der Pub spielt eine wichtige Funktion im irischen Leben – nicht nur als Abfüllstation.

Hochprozentige Spirituosen gibt es in reichhaltiger Auswahl, der saftige Preis ist Folge der Alkoholsteuer (ebenso wie bei Tabak, Zigaretten, Benzin). Der irische Whiskey ist weltberühmt für seinen weichen, runden Geschmack und gibt dem »Irish Coffee« (irischer Whiskey mit starkem schwarzen Kaffee und einer Mütze aus halbgeschlagener Sahne) den echten Touch. Allerdings ist dies mehr ein Touristengetränk. Sehr beliebt bei den Iren ist der »Hot Whiskey«, er wird mit Heißwasser, Gewürznelken, Zitrone und Zucker aufgegossen, ähnlich unserem Grog. Genau das Richtige, wenn man klamm oder naß geworden ist und sich aufwärmen will. Die Genehmigung zum Verkauf von Spirituosen besitzen nur wenige Geschäfte, mitunter kauft man die Flaschen günstiger in einem Pub.

Die Iren sind keine Weintrinker, entsprechend dürftig ist die Auswahl. Leider sind die Preise so hoch, daß sie den Genuß vollends vergällen. Bier- und Weinausschank ist nicht unbedingt üblich, weil dafür eine Sondergenehmigung erforderlich ist, die nicht so ohne weiteres ausgegeben wird.

ALLGEMEINE TIPS

Öffnungszeiten

Pubs: Das letzte Bier wird in den Pubs an Wochentagen im Sommer um 23.30 Uhr ausgeschenkt (closing time), im Winter bereits um 23 Uhr. An Sonntagen ist das ganze Jahr über um 23 Uhr Schluß, manche Pubs haben Sonntagnachmittags für ein paar Stunden geschlossen.

Hotelbars, Discos: »bar exemption« bedeutet verlängerter Alkoholausschank. Pop- und Rockkonzerte auf lokaler Ebene beginnen in der Regel erst nach der Closing Time (late night gig).

Post: Die irische Post (An Post) hat die Farbe grün für Schilder, Briefkästen und Autos. Montags bis freitags von 10 bis 17.30 Uhr, manchmal auch bis 18 Uhr, zwischen 13 und 14 Uhr ist Mittagspause. Samstags von 10 bis 13 Uhr. Karten und Briefe nach Deutschland sind 4 bis 7 Tage unterwegs, jedenfalls solange sie unterwegs nicht von einem Streik aufgehalten werden.

Geschäfte: 10 bis 18 Uhr. Freitags, sonnabends mitunter auch 1 bis 3 Stunden länger, dies ist auf dem Land noch weitgehend üblich. Mittagspausen von 13 bis 14 Uhr (lunch time), einige Geschäfte haben auch durchgehend geöffnet. Jede Gegend hat ihren »closing day« oder »half day« (Mo, Di, Mi oder Do), dann sind alle Läden zumindest für die zweite Hälfte des Tages dicht. Während der Hochsaison wird das nicht überall ganz so strikt eingehalten. Außerdem hat jeder Ort einen Laden mit »late shopping«, der oft bis nach 10 Uhr nachts und auch sonntags geöffnet ist. Ebenso sind manche Pubs gleichzeitig Laden und so kann man sich fast rund um die Uhr mit allem Nötigen versorgen.

Banken: Montag bis Freitag von 10 bis 12.30 Uhr und von 13.30 bis 15 Uhr.

Allgemein kann man sagen, daß vor 10 Uhr morgens in Irland nichts läuft (Museen, Büros, Ämter, Ärzte usw.). Die Iren sind Langschläfer, selbst die Schulen beginnen erst um 9.30 Uhr.

Feiertage: Zusätzlich zu den katholischen Feiertagen gibt es den St. Patricks Day (17. März) und die Bank Holidays (jeweils der erste Montag im Juni, August und der letzte Montag im Oktober) – drei verlängerte Wochenenden also, über die sich die ganze Nation freut.

Telefonieren: So gut wie alle öffentlichen Telefonzellen sind heutzutage dem Durchwahlnetz angeschlossen, auch ins Ausland. Alte Apparate findet man noch in manchen Pubs, sie sind aber so kompliziert, daß es sich lohnt, einen Modernen zu suchen. Genügend 10 p- und 50 p-Münzen bereit halten (20 p lokale Gespräche, 30 p min. Inlandsferngespräch, 50 p min. Ausland). Die Durchwahl nach Deutschland ist 1649. Diese vier Ziffern stehen für die erste Null der Vorwahl der deutschen Nummer: Beispiel Berlin 1649/30/ Privatnummer. Besonderheit: Ist der Anschluß im Münzfernsprecher hergestellt, so hört man den anderen, wird aber selber erst nach ca. 3 Sekunden gehört, dann nämlich, wenn das Geld gefallen ist. Geduld also. Der Vorteil bei diesem System liegt darin, daß man schnell auflegen und Geld sparen kann, wenn man sich verwählt hat. Jede öffentliche Telefonzelle hat auch eine eigene Nummer (sollte irgendwo angeschrieben sein), also kann man sich auch anrufen lassen. Durchwahl von Deutschland aus: 00353 und dann die erste Null der irischen Vorwahl weglassen. Nicht wundern also, wenn es in der Zelle klingelt, eventuell ist es auch für jemanden, der draußen geduldig wartet. Hat man Probleme mit dem Telefon, so wählt man 10; der »operator« ist gerne behilflich, er kann auch Gespräche per Hand vermitteln (etwas teurer).

Arztbesuch: Vorsichtshalber sollte man sich einen Auslandskrankenschein von seiner Krankenkasse besorgen. Im Krankheitsfall erkundigt man sich am besten, welcher Arzt mit dem Health Board, der irischen Gesundheitsbehörde, zusammenarbeitet, denn diese wickeln die Bürokratie am unkompliziertesten ab. Eine Zahnbehandlung muß bezahlt werden, der Betrag wird in Deutschland zurückerstattet (eine Füllung plus Spritze ca. 15 IR Pfund).

Maße, Gewichte usw.: Entfernungen werden in Meilen gemessen und sind nur auf neueren Schildern in Kilometern angegeben.
1 mile = 1,6 km; 1 yard = 91,4 cm; 1 foot = 30,4 cm; 1 inch = 2,5 cm.
Beim Einkaufen schafft das Hin und Her mit dem englischen und dem metrischen System einige Verwirrung. Das englische Pound hat knapp 50 Gramm weniger als das deutsche Pfund, 2 pound sind also weniger als ein Kilo!
1 ounce (oz) sind 28 Gramm; 1 pound (lb) sind 454 Gramm; 4 stone sind ca. 25 Kilogramm.
Bei den Hohlmaßen hat sich der Liter weitgehend durchgesetzt.
1 pint entspricht 0,58 Litern; 1 gallon 4,5 Litern.

Wetter: Gales sind starke Winde mit Windstärke 6–8; strong galeforce entspricht der Windstärke 8–10 und ab Stärke 10 wird von Stormforce gesprochen. Die Angabe der Temperaturen erfolgt heute meist in Celsius.

REISEVORBEREITUNGEN

Kartenmaterialien: Die normalen Straßenkarten sind ausreichend für große Entfernungen, zum Mountain Biking oder Wandern aber viel zu grob. Eine genauere Karte, auf der auch ruhige Nebenstraßen und Höhenunterschiede vermerkt sind, ist die Bartholomew Ireland Travel Map, Maßstab ¼ inch: 1 mile; oder 2 cm = 5 km. Irland ist in fünf Einzelkarten unterteilt. Herausgeber: John Bartholomew & Son Ltd., Duncan Street, Edinburgh EH9 1TA, Scotland, Great Britain.

Einen günstigeren Maßstab, ½ inch = 1 mile (knapp 4 cm = 1 km) weist die irische Ordnance Survey Map auf. Hier sind auch kleine und kleinste Straßen, Wege und Treckerspuren eingezeichnet, sowie Wälder und einige historisch interessante Plätze. Leider sind manche Kartenblätter etwas älteren Datums, die mitunter ungenau sind. So sind z.B. manche Spuren nicht mehr auffindbar oder man entdeckt Wege, die nicht eingezeichnet sind. Grundsätzlich ist die Karte aber gut brauchbar und in Irland leicht erhältlich. Die Insel ist in 25 Einzelblätter unterteilt. Herausgeber: Director at the Ordnance Survey Office, Phoenix Park, Dublin, Ireland.

Die beste und genaueste Karte ist die nordirische Ordnance Survey Map, 2 cm auf der Karte geben 1 km in der Natur wieder. Höhenunterschiede, Wälder, Waldwege, Häuser, selbst verlassene Gebäude, jede Art von Wegen, alles ist gut lesbar und zu fast 100% verläßlich. Eine bessere Karte zum Biking kann man sich kaum wünschen. Leider behandeln diese Karten nur das nördliche Drittel der grünen Insel. Ein weiterer Haken: Sie sind nur sehr schwer erhältlich, sogar in Nordirland. Es ist aber unbedingt ein Versuch wert, sie über einen guten Buchladen von Deutschland aus zu bestellen, mitunter klappt das. Blatt 1, 2, 3, 6, 7 Nord-Donegal; Blatt 10, 11, 12 Süd-Donegal; Nr. 16, 17 Nord-Sligo und Nord-Leitrim, Nr. 25 Süd-Sligo; Nr. 26 Süd-Leitrim, Lough Allen Region. Herausgeber: Ordnance Survey of Northern Ireland, Belfast oder auch Director General, Ordnance Survey, Southhampton, England.

Eine ausgezeichnete Connemara-Karte habe ich im Outdoor-Laden in Dublin gefunden (siehe Adressenteil). 2 Zentimeter auf der Karte entsprechen wieder einem Kilometer. Es ist eine Wanderkarte mit dem Titel »The Mountains of Connemara«. Sogar Zäune und Gräben sind eingezeichnet. Herausgeber: Folding Landscapes, Roundstone, Co. Galway, Ireland. Die Karte wird zusammen mit einem kleinen Wanderführer der Gegend verkauft.

Die beiden erstgenannten Karten bekommt man in Irland in jedem Touristen-Informationsbüro und den meisten Buchläden (bookshop). Für die in Nordirland herausgegebene Karte muß man Glück haben – Augen offenhalten. Viele kleine Orte haben auch ihre lokale Informationsstelle, wo man interessantes Material über die Gegend erhalten kann; z.b. Wanderkarten, -vorschläge, gute Übernachtungsmöglichkeiten, lokale Veranstaltungen usw. Solche Informationsstellen sind nicht immer beschildert, also durchfragen.

AUSRÜSTUNGSEMPFEHLUNG

Bike: Logisch, daß man solch eine Reise nur mit dem Bike antritt, das zuvor gründlich überholt wurde und keine baldigen Reparaturen erwarten läßt. Mir gelang es auf diese Weise, trotz schwerster Geländeritte ohne ernsthafte Reparaturen über die Runden zu kommen, was sicher auch für die gute Qualität meines Raleigh-Rades und der verwendeten Komponenten spricht. Ich habe bewußt ein englisches Rad gewählt, denn falls ich in Irland ein Ersatzteil beschaffen muß, so ist die Chance größer, daß es wirklich paßt. Auf deutsche Gewindenormen ist man in Irland kaum eingestellt, auch sind die entsprechenden Spezialwerkzeuge nicht unbedingt vorhanden. Im Adressenteil sind zwei Fahrradläden im Nordwesten Irlands benannt, die im Notfall auch bei deutschen Normen helfen und Teile besorgen können, die dem deutschen Standard entsprechen. Wer auf Nummer Sicher gehen will, nimmt alle Ersatzteile mit, die einem notwendig erscheinen. Überall erhältlich sind billige Reifen und Schläuche.

Für weite Strecken und häufige Straßenbenutzung empfehle ich Reifen mit erhöhtem Mittelsteg. Sie rollen auf festem Grund bedeutend schneller und leichter. Eine Lichtanlage ist in Irland noch nicht Pflicht (Reflektoren reichen aus), und sie ist im Sommer auch nicht nötig, weil die Abende etwa eine Stunde länger hell sind, als wir es in Deutschland gewohnt sind (bedingt durch die Zeitverschiebung).

Ausrüstung: Gepäck kann natürlich jeder mitnehmen, soviel er will. Ich habe mich auf das beschränkt, was in die hinteren Packtaschen, in eine Lenkertasche und einen leichten Rucksack paßt. Alles in allem war es schwer genug. Feste Stiefel (Wanderschuhe) haben sich besser bewährt, als die üblichen Mountain Bike-Schuhe, auf Dauer sind sie haltbarer. Gutes Regenzeug ist für Irland ausgesprochen wichtig, obwohl ich es kaum benötigt habe. Nach Möglichkeit sollte es aus einem atmungsaktiven Material bestehen, damit man damit auch einmal größere Strecken zurücklegen kann, ohne im eigenen Saft zu schmoren. Eine gute Regenjacke kann auch ein großartiger Windschutz sein! Allgemein ist für längere Radreisen die entsprechende Radfahrerkleidung angebracht, besonders das Sitzfleisch freut sich über die gepolsterten Hosen. Auch die speziellen Radfahrerhandschuhe sind ein deutlicher Komfortgewinn auf langen Strecken. Handschuhe und Helm dienen der eigenen Sicherheit, beides ist im Gelände und auf der Straße angeraten. Wer besonders sensibel auf die manchmal anzutreffenden Stechmücken reagiert, ergänzt seine Reiseapotheke mit einem Insektenschutzmittel. Weiterhin brauchbar erweisen sich: eine Taschenlampe, ein Strick oder kräftige Schnur und ein Kompaß (vorher üben damit umzugehen). Ansonsten gehe ich davon aus, daß jeder weiß, was man auf einer Radreise im allgemeinen mitführt (s. a. die Hinweise im Abschnitt »Verhalten beim Off-Road-Fahren«).

ALLGEMEINE HINWEISE

Frauen: Es hat sich offensichtlich weit herumgesprochen, daß Irland das ideale europäische Reiseland für Frauen ist, auch für Alleinreisende. Anmache, dumme Bemerkungen, zweideutige Höflichkeiten oder ebensolche Einladungen sind die Ausnahme, in ländlichen Gegenden erlebt man dies so gut wie überhaupt nicht. Die strenge katholische Moral verbietet solch ein Verhalten. So sind Gastfreundschaft, Freundlichkeit und Hilfsbereitschaft ernst gemeint. Sie können im allgemeinen vorbehaltlos angenommen und die Reise zu einem unvergessenen, angenehmen Erlebnis werden lassen. Aber natürlich gehört zu dieser strengen Moralvorstellung auch die althergebrachte Sichtweise der Frauenrolle. Daher löst eine zu 150% ausstaffierte Mountain-Bikerin bestimmt viel Verwunderung und auch Neugierde aus. Was nicht heißen soll, daß irische Männer in puncto Gleichberechtigung völlig hinter dem Mond leben. Die Reaktion auf das Exotische kann verstärktes Interesse oder Scheu sein. Wer also nicht gerne im Mittelpunkt steht, kleidet sich nicht zu extrem.

Diebstahl:
Auch für die Ehrlichkeit der Iren ist ihre strenge Gläubigkeit verantwortlich. Leider kann man sich nicht überall darauf verlassen. Besonders in den großen Städten muß man auf sein Bike und auf das Gepäck gut aufpassen, in Dublin würde ich es nicht einmal sicher abgeschlossen an öffentlich zugänglichen Orten zurücklassen. Die dortige Jugendherberge von An Óige hat einen gesicherten Fahrradschuppen. Die Probleme großer Städte sind in aller Welt die gleichen.

Auf dem Land sieht es anders aus, trotzdem würde ich das Bike vor einem Pub stets abschließen. Denn man soll auch niemanden in Versuchung führen – ein Experiment kann leicht zum eigenen Nachteil ausfallen. Man muß sich vor Augen halten, daß die Landbevölkerung vermutlich noch nie ein Fahrrad von so hohem Wert gesehen hat, wie es ein etwas besseres Mountain Bike verkörpert.

Keine Sorgen braucht man sich zu machen, wenn man Bike und Gepäck irgendwo in der Wildnis (nicht augenscheinlich an der Straße) liegen läßt, um vielleicht eine Erkundungstour zu Fuß zu unternehmen. Hier ist eher das Problem, den richtigen Ort auch wieder zu finden.

Im Falle eines Diebstahls benachrichtigt man die Polizei (garda) und läßt sich den Verlust schriftlich bescheinigen, damit man einen Beleg für die Reisegepäckversicherung hat.

Baden:
Die irische Westküste hat zahlreiche kleine und kleinste idyllische Strände. Die meisten sind auch während der Hochsaison nicht überfüllt, wo keine direkte Straße hinführt, gehören sie einem oft allein. Doch der Atlantik ist nicht ungefährlich – das meine ich im Ernst. Die erschlossenen Strände sind relativ sicher und in den Monaten Juni,

Juli, August zusätzlich von zwei Rettungsschwimmern überwacht. Es lauern viele Gefahren, die auch erfahrene Schwimmer in Schwierigkeiten bringen können: Starke Strömungen, extreme Gezeiten, plötzliche Unterströmungen, Felsen, Treibsand (besonders in der Nähe von Flußmündungen). Ich habe es gelegentlich erlebt, daß der schöne Sandstrand am nächsten Morgen in einen Steinstrand verwandelt war und umgekehrt; die Flut hat den Sand mit fortgenommen und an einer anderen Stelle wieder abgelegt. Dies als Beispiel für die Tücken des Atlantik.

Die Iren sind nicht allzu begeisterte Schwimmer, sie nutzen ihre Seen lieber zum gemütlichen Angeln. Manchmal findet man angelegte Badestellen, ansonsten muß man sich selbst geeignete Plätze suchen. Jedoch immer davon ausgehen, daß es sich um Naturseen handelt, die auch ihre Gefahren bergen können (Untiefen, kalte Strömungen, Wasserpflanzen, Felsen, auf großen Seen plötzliche, kräftige Winde).

Noch ein Wort zum Nacktbaden. Die katholische Moral verpönt das Nacktbaden, selbst kleinen Kindern wird bereits eine Badehose angezogen. So merkwürdig und altmodisch uns dies erscheint, man sollte es respektieren, denn wir sind Gäste der Iren und haben keinerlei Recht, ihnen unsere Lebensweise aufzuzwingen.

Kontakt zu Iren:

Die Iren sind ein sehr freundliches und geselliges Volk und besitzen etwas, was wir Deutschen kaum noch haben, nämlich Zeit. Ihre Freundlichkeit und Anteilnahme, ihr Interesse, ihre Neugierde sind nicht oberflächlich. Neuigkeiten, Geschichten, Berichte interessieren sie ernsthaft, wahrscheinlich, weil die alte Tradition der wandernden Geschichten- und Märchenerzähler selbst heute noch nicht völlig ausgestorben ist. Und die Iren sind tolerant, wenig voreingenommen, das »Schubladendenken« widerspricht

212

ihrem Wesen. Mit ein Grund dafür ist wohl die hohe Aus-
wanderung. Jeder hat Brüder, Schwestern und vielleicht
Kinder in allen Winkeln der Welt, und so stehen sie im
Grunde eng mit anderen Lebensweisen und Kulturen in
Verbindung. All dies macht die Kontaktaufnahme im allge-
meinen leicht.

Während das »hello, how are you« mehr eine Begrüßungs-
floskel ist, kommt dem Thema Wetter eine tiefere Bedeutung zu. Einmal ist es für die Iren wirklich ein Thema – ihr
Leben und Arbeiten wird viel dadurch bestimmt – und es
interessiert sie, wie ihr Gesprächspartner darüber denkt
und fühlt. Die Ausdrücke reichen von »lovely day« über
»nice«, »cold« bis zum »bad old« oder »awful day«. Zum
anderen ist das Thema Wetter oft ein guter Einstieg in ein
längeres Gespräch. Wobei es die Iren aber meist mehr
interessiert, wie beispielsweise die Häuser in Deutschland
aussehen und wie es sich dort lebt, als wer man ist und wie
man sich seinen Lebensunterhalt verdient. Andere beliebte
Themen sind die Arbeitsplatzsituation, die EG, die wunder-
schöne friedliche Landschaft und natürlich Musik. Wer im
Pub aufspielt oder etwas vorsingt, braucht sich um Anerkennung und Freunde keine Sorgen zu machen. Überhaupt
ist ein Pub der ideale Ort mit Iren ins Gespräch zu kommen.
Man begrüßt seine Thekennachbarn, redet übers Wetter
und schon ist eine kleine gesellige Runde beisammen. Es ist
üblich, eingeladen zu werden, und wenn es das Reisebud-
get zuläßt, sollte man ebenfalls die eine oder andere Runde
ausgeben. Unterwegs brechen Fragen nach dem Weg, einer
Unterkunft oder Schwärmereien über die Schönheit der
Landschaft das Eis.

Verhalten auf der Straße:
In Irland herrscht Linksverkehr, trotzdem hat Vorfahrt, wer von rechts kommt. Viele nehmen die Verkehrsregeln nicht so genau, mitunter sind auch die Verkehrsschilder verdreht oder ihre Halterung ist durchgerostet. Das trifft besonders auf die abgelegenen Gegenden zu. Also immer Obacht geben! Helle auffallende Kleidung hilft registriert zu werden, auf den kleinen engen Straßen sind Radfahrer eine noch größere Seltenheit wie Autos. Die gegenseitige Begrüßung auf der Straße durch Handheben oder das typische irische Kopfnicken (das linke Ohr wird zum rechten Auge geschleudert) gibt die Sicherheit, daß der andere Verkehrsteilnehmer einen wahrgenommen hat. Vermeiden sollte man Fahrten nach der Closing Time, weil man davon ausgehen kann, daß kaum ein Autofahrer nüchtern ist. Andere Gefahren, mit denen man rechnen muß, sind schlechter Straßenbelag, tiefe Schlaglöcher (Achtung auch vor Pfützen!), ausgebrochenes Vieh, dornige Äste entlang frisch geschnittener Hecken (Plattfuß) und Hunde. Neuerdings gibt es ein Gesetz, das Hundebesitzern vorschreibt, ihre Tiere nicht mehr frei laufen zu lassen. Die Situation ist besser geworden, jedoch hält sich leider noch nicht jeder daran. Die relativ kleinen irischen Hunde sind Hütehunde, die es gewohnt sind Schafe und Rinder zusammenzutreiben und deshalb gerne bewegende Objekte verfolgen. Der Vorteil ist, daß sie gut auf resolute Kommandos gehorchen. Ein »go back« oder »go home« löst das Problem meist. Reicht dies nicht, droht man mit der Luftpumpe oder tut so, als ob man einen Stein wirft. Notfalls muß man absteigen, dann gibt es nichts mehr zu verfolgen und beißen wollten sie eh nicht. Hat man einmal wirklich ernsthaft Ärger, beschwert man sich bei der nächstgelegenen Gardastation und der Hund verschwindet von der Straße.
Wird man in einen Unfall verwickelt, so notiert man sich

Autonummer und Zeugen. Nicht jeder Autofahrer hält unbedingt an. Am besten ist, man holt die Garda hinzu, denn Schuldgeständnisse, auch schriftlicher Art, sind später u.U. nutzlos. Die Iren besitzen eine gute Portion Bauernschläue, jeder vierte Autofahrer fährt ohne Versicherung. Der telefonische Notruf ist 999.

Verhalten beim Off-Road-Fahren:
Abgelegene schlechte Straßen, Wege, Forstwege, Treckerspuren, Torfpfade, Wanderwege und natürlich offenes Gelände werden sehr selten benutzt; d.h. man ist dort alleine. In der Abgeschiedenheit der Landschaft liegt der Reiz, doch wenn dort ein ernsthafter Unfall passiert, kann es Tage, ja sogar Wochen dauern, bis man gefunden wird. Deshalb ist es angeraten, zu zweit zu fahren (auch viele der von mir beschriebenen Touren), und trotzdem auf jeden Fall in der Unterkunft eine Nachricht zu hinterlassen, welche Route man einschlägt und wann man gedenkt zurückzukommen (mindestens vor Einbruch der Nacht). Mitnehmen sollte man eine gute Karte, eventuell einen Kompaß, ein Erste-Hilfe-Päckchen, Flick- und Werkzeug (s.a. Pannenhilfe im Extremfall), eine Notration Essen (z.B. Schokolade), eine Trillerpfeife und/oder eine Taschenlampe. Auch im Gelände ist auffallende Kleidung angebracht, damit man im Notfall leichter gefunden werden kann. Bei Ausflügen in die Berge ist die Wettervorhersage wichtig, denn in Irland liegen die Wolken oft sehr tief, und ein Berg kann sich in Windeseile zuziehen. Dann befindet man sich plötzlich in dichtem Nebel und markante Orientierungspunkte lassen sich nicht mehr finden. Zu beachten ist auch, daß es in den oberen Bergregionen stets um einige Grade kühler ist und daß dort oben häufiger ein kräftiger Wind bläst. Überwachsene Felsspalten und Sumpflöcher sind große Unfallgefahren, mit Gefühl und Umsicht fahren! Wasser aus den

Bächen ist im allgemeinen trinkbar, wenn nicht ein bewohntes Haus weiter oben liegt. Die braune Farbe entsteht durch den Torf, mitunter bilden sich sogar Schaumkronen, wenn das weiche Wasser kräftig fließt. Sollte es notwendig werden, daß Zäune überquert werden müssen, so sieht man zu, daß diese nicht beschädigt werden, Gatter und Tore sind stets wieder zu verschließen. Die Einfriedungen haben eine wichtige Funktion, wenn das Vieh nämlich ausbricht, kann es für den Bauern große Verluste bedeuten, da er es nicht immer wiederfindet.

Pannenhilfe im Extremfall:
Als notwendigstes Reparaturzeug sollte man dabeihaben: Reifenflickzeug, Reifenheber, Luftpumpe (gibt es inzwischen schon als handliche Teleskoppumpe), Imbussschlüsselsatz, kleinen Schraubenzieher, Speichenschlüssel, Kettennietendrücker, Engländer oder Zange als Ersatz für Maulschlüsselsatz und eventuell einen Ersatzschlauch, falls das Loch dicht am Ventil sitzt und nicht geflickt werden kann.
Wer das Flickzeug bei einer Tour vergessen hat und trotzdem einen Platten erwischt, der kann sich notdürftig behelfen, indem er den Mantel abzieht, den Schlauch entfernt, anschließend den Mantel fest mit Binsen ausstopft und alles wieder auf die Felge bugsiert. Wenn auch die Weiterfahrt nicht mehr so bequem ist und die neuartige Füllung ziemlich bald nachgestopft werden muß, so ist es immer noch besser als schieben. Bei einem Mantelriß muß man sich mit dem Einlegen eines Flickens, eines Stücks Plastiktüte oder eines Kartons behelfen, um das Austreten des Schlauchs – und damit einen immer wiederkehrenden Platten – zu verhindern.
Ein gerissener Bremszug wird entfernt oder so am Bike befestigt, daß er keinen Schaden anrichten kann. Mit einer

Bremse weiterfahren und stets daran denken! Ersatz für den Zug gibt es in jedem Fahrradladen (auch wenn es nicht gerade der spezielle ist…) oder auch in Autoreparaturwerkstätten (garage). Neue Schaltzüge sind schwieriger zu bekommen, da sie relativ dünn sind. Zur Not flickt man diese mit einer Lüsterklemme. Bremszüge dürfen aber nie auf diese Art repariert werden, weil auf ihnen – besonders im Notfall – ein extremer Zug lastet. Reißt der Schaltzug in der Pampa, so legt man die Kette auf einen mittleren Zahnkranz und zieht mit dem Schraubenzieher die Justierschraube für das Schaltwerk entsprechend an, so daß die Kette nicht mehr wandern kann.

Bei komplizierten Pannen empfiehlt es sich, auf kürzestem Wege in bewohnbare oder befahrene Gegenden zu gelangen. Die Iren sind sehr hilfsbereit und nehmen einen und meist auch das Bike in den nächsten Ort mit. Per Anhalter fahren ist in Irland weitverbreitet und wird von allen Generationen praktiziert. Man kann auch Bauern um den Gefallen bitten, sollte ihnen aber ein Spritgeld geben. Im Zusammenbasteln und -flicken sind die Iren Meister, von ihnen kann man allerhand lernen, besonders was das Improvisieren angeht.

EIN GESCHICHTLICHER ABRISS

Die Geschichte Irlands erklärt viel von der Besonderheit dieses Landes, deshalb habe ich mich entschlossen, diesen kurzen Abriß von Annette mit ins Buch aufzunehmen, selbstverständlich mit ihrer Genehmigung:
Es scheint das traurige Schicksal dieser kleinen Insel zu sein, seit ihrer Besiedlung (schätzungsweise um 5000 v. Chr.) hauptsächlich Zeiten von Krieg, Unruhe, Aufständen und dem damit verbundenen Elend gesehen zu haben. Längere Perioden des Friedens für das ganze Land hat es

kaum je gegeben. Dies hat die Menschen, ihre Lebensweise, ihre Mentalität und Kultur geprägt. Und auch heute noch scheint eine dauerhaft befriedigende Lösung nicht in Sicht.

Die ersten Einwanderer waren ein relativ kleinwüchsiges, dunkles Volk, wahrscheinlich aus dem Mittelmeerraum. Eine irische Legende berichtet, daß sie aus der Nilregion kamen, zu Zeiten der ägyptischen Hochkultur. Sie machten die Insel bewohnbar, indem sie die wilden Tiere und unzählige Fabelwesen bekämpften und vertrieben. Damals war das Land mit undurchdringlichem Laubwald bedeckt. Um 350 v.Chr. begann die Einwanderung der Kelten. Sie brachten die gälische Sprache und Rechtssprechung nach Irland. In den darauffolgenden Kämpfen zog sich das »kleine Volk«, die Tuatha De Dannan, immer weiter gen Norden zurück. Die irische Mythologie benennt den Slieve Anierin im County Leitrim als ihre letzte Bastion.

Die vielen Dolmen, Hünengräber, Steinkreise, ringförmigen Forts (Rath), die riesigen Steinhaufen (Cahirn) und aufgerichteten Steine (Gallan), sowie die Fülle an guterhaltenen archäologischen Funden aus der Bronzezeit (Torf konserviert wunderbar) sind Zeugen dieser vorchristlichen Epoche.

Die damaligen Iren lebten in Familienverbänden (Clans), die sich immer wieder wegen Land (das wichtigste irische Gut) bekriegten. Einige mächtige Clans (z.B. O'Neill, O'Rourke, O'Connor, O'Brien) unterwarfen kleinere Sippen, um ihre eigenen Gebiete und Truppen zu vergrößern. Die Stammesführer (Chieftains) wurden von den freien Mitgliedern gewählt, was Anlaß zu Intrigen und Machtkämpfen innerhalb der Clans gab. Ernsthafte Bestrebungen, die gesamte Insel unter einer politischen Führung oder Vorherrschaft einer Familie zusammenzuschließen, hat es nicht gegeben. Leider ist über das tägliche Leben damals wenig überliefert, in Balladen werden nur die feucht-fröhlichen Gelage und Heldentaten der Krieger besungen.

432 n.Chr. kam St. Patrick nach Irland, um die Iren in wenigen Jahren vom Druidentum zum Christentum zu bekehren. Klostersiedlungen waren die ersten festen, ortsähnlichen Gemeinschaften. Die irischen Klosterschulen wurden über ihre Grenzen hinaus weit bekannt, weil sie den Gelehrten und Schülern des Kontinents in den turbulenten Jahrhunderten des frühen Mittelalters Abgeschiedenheit und ungestörte Ruhe für ihre Studien boten. Die Kirche blieb von den Stammesfehden weitgehend unbehelligt. Zu den frühchristlichen Kunstwerken dieser Zeit zählen die 250 Hochkreuze (high cross), außerdem die über 70 Rundtürme, die zu Klostersiedlungen gehörten. Bereits damals begann Irland mit der Entsendung katholischer Missionare in alle Winkel der Welt, zunächst noch Europas.

Im 9. Jahrhundert begannen die Überfälle der Wikinger. Sie gründeten die Hafenstädte Dublin, Wexford, Waterford, Cork und Limerick, ein reger Handel mit England und dem Kontinent entwickelte sich. Versuche der Wikinger, die ganze Insel zu erobern, wurden immer wieder erfolgreich zurückgeschlagen. 1014 versetzte Brian Boru am Stadtrand von Dublin mit seinem südirischen Heer der Wikingerarmee den Todesstoß in einer der blutigsten Schlachten dieser Zeiten. Die Städte blieben als freie Städte mit weitgehender Selbstverwaltung bestehen.

Gute 50 Jahre später erreichen die ersten normannischen Truppen unter der Führung von Richard de Clare (»Strongbow«) die irische Küste. Sie waren von dem irischen Stammesfürsten Dermot Mac Murrogh zu Hilfe gerufen worden, um seine Machtansprüche in der Provinz Südleinster zu unterstützen. Nach dessen Tod konnte sich Strongbow als König der Provinz behaupten. Hierauf folgten Hoheitsansprüche des englischen Königs Heinrich II., dessen Unter-

gebener Strongbow war, und die Entsendung weiterer nor-
mannischer Truppen. Diesmal verfolgten sie aber ein anderes Interesse. Dies kann als Beginn der Auseinandersetzungen zwischen den Iren und den Engländern gesehen werden, die bis heute andauern.

Die folgenden Jahrhunderte sind gekennzeichnet durch
ständige Kämpfe zwischen einzelnen irischen Stammesfürsten und den englischen Invasoren, wobei bereits Wirt-
schaftsblockaden, Aushungerung und gezielte Ansiedlung
von Briten angewandt wurden. Für die Iren war es kein
Problem die englische Krone anzuerkennen, sie wehrten
sich gegen die Aufzwingung der Erbfolge (die Iren wählten
ihre Führer!), die Privatisierung und Aufteilung des Landes
(die Iren kannten bislang nur Gemeinschaftsbesitz), das
Verbot der gälischen Sprache und Kultur, die englische
Gesetzgebung und später gegen die protestantische Religion. Trotz einer weitgehenden Übereinstimmung schafften es die Stammesfürsten nicht, sich zusammenzuschließen und gemeinsam die Invasoren zu vertreiben.

1540 entschließt sich der englische König Heinrich VIII., die
endgültige Unterwerfung Irlands mit allen Mitteln voranzu-
treiben (diplomatisch und militärisch), doch leisten die
Fürsten O'Neill (Tyrone), O'Donnell (Donegal) und
O'Rourke (Leitrim/Sligo) erfolgreich vereinigten Widerstand. Bei einem letzten großen Aufstand (1598–1602)
schafften sie es fast, Irland von der englischen Herrschaft
zu befreien. England sendet jedoch noch einmal ein riesiges Heer, die spanische Unterstützung für die Aufständi-
schen trifft zu spät ein, die Allianz der irischen Fürsten
bricht auseinander und O'Neills Truppen werden bei Kin-
sale (Co. Cork) vernichtend geschlagen. Die letzte irische
Bastion, O'Rourkes Castle in Leitrim Village, fällt 1603.
Irland steht vollständig unter englischer Herrschaft. Für die
irische Bevölkerung folgen Jahrhunderte der Unterdrük-

kung, Landenteignung, Verbot der Ausübung ihres Glaubens und öffentlicher Ämter, Verbot ihrer Sprache und Kultur. Revolten werden blutig niedergeschlagen, das Land an protestantische Engländer verteilt. Die Iren arbeiten als Pächter, sie werden mit überhöhtem Zins bedacht. Gesetze und Zusatzabgaben verhindern das Bewirtschaften von allem, was über das bare Existenzminimum hinausgeht. Elend, Hunger, Krankheit, Auswanderung, Zwangsverschiffung in englische Strafkolonien und englische Willkür bestimmen das Leben der irischen Landbevölkerung.

Die Hoffnung auf eine Besserung ihrer Lage durch den katholischen König James II. wird durch dessen Niederlage am 12. Juli 1689 am Fluß Boyne gegen das protestantische Heer von William von Oranien zunichte gemacht. Der Sieg der Protestanten wird heute noch jedes Jahr ausgiebig und in kolonialistischer Manier von den »Orange Men« in Nordirland gefeiert, eine Provokation für jeden katholischen Iren.

Gegen Ende des 18. Jahrhunderts zu Zeiten der französischen Revolution gründete Wolfe Tone die United Irishmen. Ihr Ziel, die Befreiung und Unabhängigkeit Irlands, scheiterte trotz militärischer Unterstützung Frankreichs. Die Folge ist die Bildung von protestantischen Terrorgruppen, die den Religionsstreit erneut beleben und mit Mord und Einschüchterung die arme katholische Bevölkerung in permanenten Schrecken versetzen. Doch von nun an ist das Nationalgefühl und der Widerstandswille der Iren geweckt. Unter der Führung von Daniel O'Connell wird die Gleichstellung der Iren von einer breiten Öffentlichkeit lautstark gefordert. Um 1830 schickt England Verstärkung für ihre Truppen, um einen Massenaufstand zu verhindern.

In dieser Zeit (um die Mitte des 19. Jahrhunderts) ist Irland immer noch ein reines Agrarland, dessen Produkte (hauptsächlich Getreide) nach England exportiert werden. Die

Iren leben als Pächter in unvorstellbarer Armut und völlig rechtlos auf den englischen Gütern. In der großen Hungersnot (the great famine 1845–1849) wird die Bevölkerung von 8 Millionen auf die Hälfte reduziert. Ausgelöst wurde die Katastrophe durch eine Kartoffelfäuleepidemie, die vier Jahre lang fast die gesamten Ernten verdarb. Die Kartoffel war damals die einzige Feldfrucht, deren Anbau zum Eigenverbrauch erlaubt war. Englische Hilfe für die hungernde Bevölkerung traf nur zögernd und unzureichend ein, die Leute starben massenhaft an Hunger und Krankheiten. Wer irgendeine Möglichkeit sah, versuchte auf ein Schiff nach Amerika oder Australien zu kommen (coffin ships – Sargschiffe), viele starben auch hier. Die englischen Großgrundbesitzer nutzten die Gelegenheit, ihre Güter zu entvölkern, da sie eine Umstellung von der Getreidewirtschaft auf die profitablere Viehwirtschaft wünschten und endlich realisieren konnten: Die Hungersnot war eine willkommene Hilfe, die lästigen Pächter auf »legale« Weise loszuwerden. Einige Gutsherren zahlten den irischen Familien die Überfahrt nach Amerika (leider nicht für die Verpflegung), die meisten jedoch warfen die Pächter einfach von ihrem Land und vertrieben sie aus ihren Häusern, als diese die Abgaben nicht mehr aufbringen konnten. Die Erinnerung und die Verbitterung über diesen Exodus ist noch heute in den Köpfen der Iren sehr lebendig. Unzählige traurige Lieder und Gedichte erzählen von dieser Hungersnot, besonders die alten Leute erwähnen die große Tragödie immer wieder in Gesprächen.

In den folgenden Jahrzehnten reißen die Versuche nicht ab, die Lage der irischen Bevölkerung zu verbessern. 1881 kann die »land league« (mit ihrem Anführer Parnell) der liberalen englischen Regierung unter Gladstone einige Grundrechte für die verbliebenen irischen Pächter abringen. Der immer stärker werdende Ruf nach »home rule«

(Selbstverwaltung) läßt die englischen Industrieellen im Norden der Provinz Ulster um ihre Machtstellung bangen. Sie mobilisieren die protestantischen »Orange Men«, die Meister darin sind, religiöse Vorurteile anzustacheln und Terror zu verbreiten. Als Gegenreaktion bilden die Iren im Süden der Insel die militanten »Irish Volunteers«.

Während des Ersten Weltkrieges ist Englands Aufmerksamkeit und Interesse anderen Ländern zugewandt. Die verschiedenen irischen Widerstandsgruppen nutzten die Gelegenheit, schließen sich 1915 zur IRA (Irish Republican Army) zusammen und rufen am Ostersonntag 1916 vor dem Hauptpostamt in Dublin die freie irische Republik aus (Easter Rising). Es folgen sieben Tage schwerster Kämpfe, die mit dem Scheitern des Aufstandes enden. Als wohl folgenreichster Fehler der Engländer in ihrer Geschichte der Unterdrückung Irlands wird die Hinrichtung der 16 Anführer, welche zum Teil schwer verletzt waren, gewertet. Dieser brutale Akt erweckt auch beim letzten noch zögernden Iren das Nationalgefühl und den Willen nach Selbständigkeit.

Bei den Wahlen zum Englischen Unterhaus im Jahre 1918 errang die Sinn Fein (radikal republikanische Partei) 73 der 105 irischen Sitze, weigerte sich anschließend das englische Parlament anzuerkennen und rief stattdessen das »Dail Eireann«, das irische Abgeordnetenhaus in Dublin, aus. Eamon de Valera wurde zum ersten Präsidenten gewählt. Gegen den Willen der Engländer und ohne internationale Anerkennung oder Unterstützung setzte sich der Gedanke der freien Republik auf der Insel durch – die mehrheitlich protestantische Provinz Ulster ausgenommen. Wieder waren die Briten gezwungen, militärisch einzuschreiten, um ihren Machtanspruch zu verteidigen. Auf die Entsendung regulärer Truppen wurde aufgrund der veränderten internationalen Verhältnisse verzichtet. Stattdessen versuchten die »Black and Tans« (bezieht sich auf ihre Uniform) – eine Söldnertruppe aus Soldaten, Polizisten, Freiwilligen und ehemaligen Strafgefangenen – die neuen, unabhängigen Strukturen zu zerstören. Drei Jahre tobte ein Bürgerkrieg, der das Land schwer verwüstete. Der 1921 geschlossene Friedensvertrag mit der Regierung de Valeras teilt die Insel: Sechs Counties in der Provinz Ulster bleiben der englischen Krone unterstellt, während die restlichen 26 Counties der Insel die lang erhoffte politische Unabhängigkeit erhalten (»Free State«).

Die IRA und die katholische Minderheit des Nordens erkennen diese Teilung nicht an. Die Unruhen gehen weiter, diesmal zwischen den Republikanern und den Freistaatlern (Bruderkrieg). Schwindende Unterstützung für die IRA (besonders durch die katholische Kirche) erzwingt 1923 einen Waffenstillstand, der die Abtrennung von Nordirland festschreibt. Für die Iren des »Free State« beginnt das erste Mal seit Jahrhunderten ein dauerhafter Frieden, wenngleich die wirtschaftliche Lage katastrophal ist. Die 26 Counties sind fast ausschließlich Agrarland, die Anbaumethoden sind rückständig. Alle Handelsbeziehungen laufen nach oder über England. Die Menschen sind verarmt und schlecht ausgebildet. Die Häfen stehen noch weiterhin unter englischer Herrschaft. Die Weltwirtschaftskrise von 1930 verschlechtert die Situation weiter. Die Lage in Nordirland ist noch schlimmer. Dort gibt es zwar Industrie, doch die ist in englisch-protestantischer Hand. Für die katholischen Iren gibt es dort weiterhin nur Diskriminierung, Arbeitslosigkeit, Armut, Unsicherheit und Terror.

1937 erarbeitet de Valera eine neue, demokratische Verfassung, die für die gesamte Insel gelten soll. Darin wird die Neutralität des Landes sowie eine enge Bindung an die katholische Kirche festgeschrieben. Die beiden letzten Punkte sind für die protestantischen Iren des Nordens unakzeptabel, eine Wiedervereinigung unter dieser Verfassung würde ihnen als Minderheit alle Privilegien fortnehmen.

Ein Jahr vor Ausbruch des Zweiten Weltkrieges erhält Irland seine Häfen zurück und kann dadurch seine neutrale Position während des Krieges durchsetzen. Die Ausrufung der Republik 1949 ist mehr ein formaler Akt.

In den 50er Jahren gab es keine einschneidenden wirtschaftlichen Verbesserungen für die junge Republik, und der stetige Auswandererstrom nach England, Amerika und Australien schwoll beträchtlich an. Die politische Lage in Nordirland beruhigte sich, brachte aber keine positiven Veränderungen für die katholischen Iren.

Ende der 60er Jahre formierte sich die Bürgerrechtsbewegung, um der anhaltenden Diskriminierung ein Ende zu bereiten. Unter der Parole »one man – one vote« gingen sie 1969 auf die Straße und forderten eine gerechte Verteilung der Wählerstimmen. Zu dieser Zeit waren nur Hausbesitzer stimmberechtigt. Aufgrund der ständigen Armut und Arbeitslosigkeit, sowie dem Verkaufsboykott der größtenteils protestantischen Grundbesitzer, besaß die katholische Bevölkerung so gut wie keine Wählerstimmen. Die alten politischen und religiösen Gegensätze verschärften sich erneut, die Übergriffe auf die katholischen (nationalen) Iren nahmen wieder zu, stark emotional angeheizt von dem protestantischen Pfarrer und überzeugten Englandfreund Ian Paisley. Unter diesen unerträglichen Umständen formierte sich die IRA erneut und stieß auf breite Sympathie und Unterstützung in der katholischen Bevölkerung. Unterschiede in der politischen Richtung und praktischen Vorgehensweise spaltet die Bewegung in die Workers Party und die Provisional IRA, die den bewaffneten Kampf gegen die englische Unterdrückung verstärkt fortführen will und es bis heute tut.

Anfang der 70er Jahre greifen britische Truppen direkt in den Konflikt ein, zunächst um die belagerten Katholiken zu beschützen. Sie wechseln jedoch schnell die Fronten. Der 3. Januar 1972 geht als »Bloody Sunday« in die Geschichte ein, als in Derry 14 unbewaffnete Demonstranten von britischen Soldaten erschossen werden. 1974 wird das nordirische Parlament aufgelöst und die 6 Counties wieder der direkten Kontrolle und Führung Englands unterstellt. Nachdem 1981 zehn IRA-Häftlinge bei einem Hungerstreik (u. a. um die Anerkennung als politische Gefangene) sterben, stellt sich die Sinn Fein (der politische Arm der IRA) zur Wahl und kann 1982 einen großen Stimmenanteil aus der katholischen Bevölkerung auf sich vereinigen. Das britische Argument der »Terroristen ohne Rückhalt« wurde damals eindrucksvoll widerlegt.

Das »Anglo-Irische-Abkommen« zwischen England und der Republik Irland von 1985 hat bisher keine der versprochenen Verbesserungen für den Norden gebracht. Immer noch sind dort 70% der Katholiken arbeitslos (im Gegensatz zu 30% der Protestanten). Diskriminierung, willkürliche Verhaftungen und Mord gehen weiter. International werden die Unruhen in Nordirland als Religionskonflikt dargestellt, das ist jedoch eine grobe Vereinfachung. Die beiden Lager besitzen zwar eine unterschiedliche Religion und das wird auf der emotionalen Ebene auch immer wieder hervorgebracht, der wirkliche Grund ist jedoch nach wie vor der Kampf der nationalen Iren für Gleichstellung und gegen die englische Fremdherrschaft, während die protestantischen Iren (Unionisten) mit England verbunden bleiben und ihre Vormachtstellung nicht verlieren wollen, was in einem ungeteilten Irland der Fall wäre. Ein Weg aus dieser Situation ist in der näheren Zukunft nicht in Sicht. In Nordirland herrscht weiterhin Krieg.

Der Konflikt im Norden berührt den Süden nur am Rande.

Hier sind die Probleme nach wie vor wirtschaftlicher Natur. Der EG-Beitritt 1973 hat das Land vielleicht am entscheidendsten verändert. Die industrielle und besonders landwirtschaftliche Entwicklung ist mit Geldern der EG und durch vermehrte Verschuldung stark vorangetrieben worden, das moderne Zeitalter hält mit Riesenschritten Einzug. Irland befindet sich im Umbruch. Immer mehr Kleinbauern geben ihre Landwirtschaft auf, die traditionelle Lebensweise und -anschauung weicht allmählich dem materialistischen Fortschrittsglauben. McDonalds-Läden gehören zum modernen Stadtbild, daneben der kleine Shop, wo der Pfeifentabak noch per Hand geschnitten und gemischt wird. Irland ist voller Kontraste. Die Regierung versucht, mit lukrativen Investitionsangeboten ausländische Konzerne nach Irland zu locken. Zum Glück ist der Ire so fest mit seinem Boden verwurzelt und das Mißtrauen gegenüber fremder Einmischung aufgrund der Geschichte so groß, daß diese Entwicklungen nicht unbemerkt und unwidersprochen hingenommen werden. Die jahrhundertelange Rückständigkeit bringt nun den Vorteil, daß Irland aus den Fehlern der industriellen Länder lernen und seine noch ziemlich intakte und saubere Umwelt erhalten kann. Wie lange sich allerdings die nationale Identität, die irische Mentalität und die traditionelle Lebensanschauung dem immer stärker werdenden Druck der europäischen Nachbarn widersetzen kann, bleibt abzuwarten.

Ich liebe Irland und ich mag die Iren, die mir in vielem so fremd, so uneuropäisch erscheinen, was jedoch mit dem Blick auf ihre Vergangenheit verständlicher, erklärlicher wird. Ich empfinde ihr starkes Nationalgefühl als gut und wichtig, denn es beruht nicht wie meist sonst auf der Überzeugung besser, auserwählter zu sein als andere, sondern auf dem Recht zur Eigenständigkeit und Selbstbestimmung, sowie der tiefen Verwurzelung mit ihrem Boden, ihrer

Landschaft, ihrer Geschichte, ihrer Kämpfe, ihrer eigenen gälischen Tradition.

Sie wollen niemanden überzeugen, unterdrücken, belehren, befreien, sie möchten nur weitgehend ungestört und frei ihr Leben in ihrem Land leben. Wo findet man heute sonst noch solch eine tolerante Haltung in einem der »zivilisierten« Länder dieser Welt?

Ich kann den Iren nur »good luck« wünschen auf dem Weg in ihre Zukunft und hoffen, daß sie wirklich einmal Glück haben. In der Vergangenheit hatten sie es kaum, John Lennon und Yoko Ono drückten es 1972 in ihrem Song »The Luck of the Irish« treffend wie folgt aus:

»If you had the luck of the Irish,
You'd be sorry and wish you were dead.
You should have the luck of the Irish
And you'd wish you was English instead!«

Die Iren wollten Iren bleiben – bis heute sind sie es geblieben.

EINIGE IRISCHE NAMEN VON ORTEN UND PLÄTZEN UND DEREN BEDEUTUNG

Die englische Schreibweise steht in Klammern hinter dem irischen Wort, die Aussprache beider Worte ist gleich. Auf Richtungs- und Hinweisschildern sowie auf Landkarten läßt sich die eine oder andere Schreibweise finden:

Baile (bally)	– Ort, kleinere Stadt; sowie deren Umland
Beag (beg)	– klein
Beann (ben)	– spitzer oder herausragender Berg
Bun	– Ausläufer, Fuß (eines Berges), Flußmündung
Carn	– Steinhaufen
Carraig (carrick)	– Felsen
Ceann (ken)	– Spitze, Landspitze
Cill	– Klosterzelle, Kapelle, Kirche
Cloch	– Stein
Cnoc (knock, crock)	– Hügel
Coill (kyle, kill)	– Wald
Druim	– Bergrücken
Dún	– Festung, Schloß
Fionn (fin)	– weiß, durchsichtig
Gleann (glen)	– Tal
Inis	– Insel
Lágh (law)	– Hügel
Loch (lough)	– See
Machaire (maghera)	– Ebene
Mór (more)	– groß
Sliabh (slieve)	– Berg
Srón	– Nase, Bergnase
Tír (teer)	– Gebiet, Land
Tobar	– Brunnen, Quelle

EMPFEHLENSWERTE LITERATUR

Die vielen Reiseführer sollen hier nicht berücksichtigt werden. Stattdessen soll auf zwei Reihen hingewiesen werden, die Wander- und Fahrradtouren zum Gegenstand haben. Beide sind in Englisch. Für das Mountain Biking sind sie nur bedingt zu benutzen, dennoch lassen sich viele nützliche Hinweise finden:

– Irish Walk Guides (6 Bändchen), edited by Joss Lynam, published by Gill and Macmillan Ltd, 15/17 Eden Quay, Dublin 1
– Irish Wheel Guides (5 Bändchen), gleicher Verleger

Zum Einstimmen und zum Verständnis der irischen Geschichte, Kultur, Mentalität, kurz der irischen Eigenarten sind folgende Bücher/Romane lesenswert:

– »Irisches Tagebuch« von Heinrich Böll, München 1982, Erstauflage 1957

– »Trinity« von Leon Uris, München 1983 (ein dicker Wälzer, der die Zeit von der großen Hungersnot bis zu den Osteraufständen 1916 in sehr bildhafter, spannender Form erzählt; ein authentischer Roman).

– »Manche, sagt man, sind verdammt«, von James Plunkett, Hamburg 1981. (Ein großer Roman aus Dublin und den Jahren nach der Jahrhundertwende).

– »Die Boote fahren nicht mehr aus«, von Tomás O'Crohan, Göttingen 1988. (O'Crohan erzählt von seinem Leben als Fischer auf den Blasket Islands um die Jahrhundertwende, das Buch ist 1929 zum ersten Mal erschienen).

NÜTZLICHE ADRESSEN

– Jugendherbergen s.S. 198f

– Kartenmaterialien s.S. 207f

– Irische Fremdenverkehrszentrale, Untermainanlage 7,
  6000 Frankfurt am Main

– Bramac, The Outdoor Specialists, 30–31 Lower Liffey
  Street, Dublin 1, Ireland (Laden) Tel. 01/727595

– Annette Arnold, Drumshanbo, Co. Leitrim, Ireland,
  Tel. 078/41464 (Tips für die Lough Allen Region,
  Mountain Bike-Verleih)

– Kevin Martin's KM Cycles, Kelly's Arcade, Main Street,
  Longford, Tel. 043/41656 (Fahrradladen, der eventuell
  auch bei deutschen Normen behilflich sein kann)

– Gary's Cycles, Quay Street, Sligo, Tel. 071/45418
  (ebenfalls ein nützlicher Fahrradladen mit hohem
  Standard)

– Claus Baum Touristic, 6800 Mannheim, Postfach 130250,
  Planken 06, 2 (Reiseveranstalter, der Mountain Biking
  im Co. Leitrim im Programm hat, Irland-Spezialist)

– RBG Fahrrad-Erlebnis-Reisen, Vaihenwiesenstraße 42,
  7539 Kämpfelbach 1 (Mountain Biking in der Lough Allen
  Region)

FAHRRADABENTEUER

GRENZENLOS

Richard und Nicholas Crane
**Fahrrad-Abenteuer
im Himalaya**
Fahrrad extrem: Mit dem Mountainbike 58 Tage und 5031 Kilometer über das Dach der Welt, von Indien bis in die Gobi. Eine atemberaubende Reise zum Mittelpunkt der Welt.
296 Seiten, 32 Abb., geb.,
39,– Best.-Nr. 50103

Dieter Kreutzkamp
**12.000 Kilometer
Australien
und Neuseeland**
Ein faszinierendes Reiseerlebnis im 5. Kontinent. Mit vielen praktischen Tips, Adressen und Karten.
188 Seiten, 94 Abb., geb.,
32,– Best.-Nr. 50090

Christian E. Hannig
**Indianer, Cowboys,
Klapperschlangen**
3500 Kilometer mit dem Rad durch den Wilden Westen, abseits der üblichen Touristenrouten. Ein Fahrrad-Abenteuer der Sonderklasse.
120 Seiten, 56 Abb., geb.,
39,– Best.-Nr. 50101

Patrick Hettrich
**Mit dem Fahrrad von
Feuerland nach Mexiko**
Ein 19jähriger allein auf großer Fahrt. Das packende 25.000-Kilometer-Abenteuer zwischen Anden und Pazifik.
192 Seiten, 100 Abb., brosch.,
29,80 Best.-Nr. 50061

Arne Krötzinger
**Allein durch Island
per Fahrrad**
Feuer und Eis liegen in Island nahe zusammen. Dieser spannende, gleichwohl sensible Bericht enthält zahlreiche Hinweise für „Nachfolger".
184 Seiten, 96 Abb., brosch.,
29,– Best.-Nr. 50071

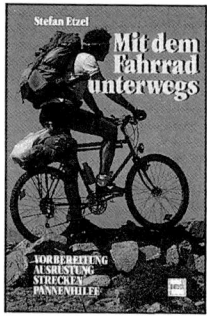

Stefan Etzel
**Mit dem Fahrrad
unterwegs**
Stefan Etzel weckt die Lust an der aktiven Urlaubstour – mit vielen praktischen Tips.
174 Seiten, 74 Abb., brosch.,
29,80 Best.-Nr. 50089

Änderungen vorbehalten

Der Verlag für Abenteuer
Postfach 103743 · 7000 Stuttgart 10

pietsch